일하는 엄마들을 위한 행복한 아이 키우기 수업

내 아이를 위한

사랑표현

학교

일하는 엄마들을 위한 행복한 아이 키우기 수업

내 아이를 위한
사랑표현
학교

초판 1쇄 발행 | 2007년 8월 24일

지은이 | 김성은
펴낸이 | 김선식
펴낸곳 | 팝콘북스
출판등록 | 2005년 12월 23일 제313-2005-00277호

PM | 김순란
기획편집1본부 | 임영묵, 김계옥, 신혜진, 최소영, 김상영, 박경순, 신현숙, 정지영, 선우지운
기획편집2본부 | 배소라, 이윤철, 유경미, 이선아, 박호진, 박혜진
저작권팀 | 이정순
마케팅본부 | 유민우, 곽유찬, 민혜영, 이도은, 박고운
인터넷 사업팀 | 우재오
홍보·광고팀 | 서선행, 김다우
디자인팀 | 이동재
경영지원팀 | 방영배, 허미희, 김미현, 이경진
외부스태프 | 일러스트 김시연, 표지디자인 나미진, 본문 디자인·조판 장이와 쟁이

주소 | 서울시 마포구 염리동 161-7 한청빌딩 6층
전화 | 02-702-1724(기획편집) 02-703-1723(마케팅) 02-704-1724(경영지원)
팩스 | 02-703-2219
e-mail | dasanbooks@hanmail.net
홈페이지 | www.dasanbooks.com
필름출력 | 엔터
종이 | 신승지류유통
인쇄·제본 | 현문

값 10,000원
ISBN 978-89-92555-40-1   03370

일하는 엄마들을 위한 행복한 아이 키우기 수업

내 아이를 위한
사랑 표현
학교

| 김성은 지음 |

팝콘북스

모두가 행복해지는 육아를 위해

많은 부모들이 육아와 관련된 책들을 찾아서 읽습니다. 아이를 더 잘 키우기 위해 책을 읽기도 하지만, 때론 좀 더 쉽게 키우기 위한 책을 찾기도 합니다. 육아의 지름길은 없을까? 좀 더 쉽고 간편한 방법이 없을까? 조금만 노력해도 효과가 큰 방법들은 없을까? 하고 말입니다. 만약 이런 생각들을 가지고 이 책을 보게 되면 부담이 되지 않을까 싶습니다. 육아에 있어서만큼은 지름길이 없기 때문입니다. 많은 부모와 아이를 상담하면서 느꼈던 것은 아이들은 농사짓는 것과 같아서 땀 흘린 만큼의 결과를 보여준다는 것입니다.

시대의 변화로 인해 여성들도 자아실현의 욕구가 있습니다. 왠지 집에만 있으면 뒤쳐진다는 느낌이 들어서 무엇이든 하려고 합니다. 일을 하든 안하든 요즈음 부모가 모두 바쁩니다. 낮 시간에 집에 있는 사람은 무능하다고 여기는 분위기도 한몫하여, 누구나 바쁘게 살려고 노력합니다. 그래서 부모들 중에는 진짜 맞벌이 부모와 정서적인 맞벌이 부부가 있습니다. 진짜 맞벌이 부모들은 Full time을 하든 Part time을 하든 실제로 경제 활동을 하는 사람을 지칭하는 반면, 정서적인 맞벌이 부모는 뭘 배우러 다니든가 운동이나 취미활동에 바쁘거나 봉사활동을 열심히 하는 등 경제적인 것과 상관없이 너무나 바쁜 사람을 지칭합니다. 그래서 이 책은 진짜 맞벌이 부모들을 위한 책이기도 하지만 정서적인 맞벌이 부모들도 꼭 한 번 읽었으면 합니다. 겉으로 드러나는 맞벌이 형태보다 아이와 함께 할 수 있는 시간 여부가 더 영향을 주기 때문입니다.

결혼 자체가 맞벌이의 고민을 가져오지는 않습니다. 하지만 자녀가 출생하면서부터 양육에 대한 고민은 필수 과정이 됩니다. '아이를 잘 키우려면 직장을 그만두는 것이 좋지 않을까?' 라는 고민이 떠나지 않습니다. 물론 아이의 문제가 너무 심각해서 직장을 중단해야 하는 경우도 있겠지만 그렇지 않다면 좀 더 지혜롭게 시간과 에너지를 배분하는 일에 중점을 두는 것도 필요하다고 하겠습니다. 그렇지 않으면, 최악의 경우 직장을 중단해야 하는 경우도 생기고, 때로는 아이 문제로 고민과 속상함을 지닌 채 생활할 수도 있습니다. 이 책에서는 이를 위해 육아 문제를 예방하는 원칙과 문제 상황에 어떻게 대처하는지 그 방법을 다루었습니다. 적절한 분배! 이것을 통해 육

아의 스트레스와 부담감을 줄여나갈 수 있기를 바라는 것이 이 책의
목적이기도 합니다.

　이 책의 또 다른 목적은 육아에 있어서 '중요한 것과 해야 할 것'
들을 구분하는 데 도움을 주는 것입니다. 모두가 행복해지기 위한
원칙들이 있습니다. 이러한 원칙들이 다소 부담이 될 수는 있지만,
이를 신경 쓰고 노력을 한다면 갈수록 육아에 대한 부담은 즐거움으
로 변할 것입니다.

김성은

제1장

왜 나만 이렇게 힘이 들까요?

맞벌이 부모의 가장 큰 고민은 무엇일까요? 개개인의 특별한 경험이라기보다 누구나 공감할 수 있는 고민이 있습니다. 이것은 육아와 맞벌이 사이에서 부모가 겪는 마음의 갈등이나 고민이지요. 여러 조사에서도 볼 수 있듯이 맞벌이에 가장 큰 걸림돌이 되거나 고민하게 만드는 요인 1위는 자녀교육과 관련된 것들입니다. 맞벌이를 하고 있는 집에서는 아이를 제대로 키우고 있는지 고민을 하고, 맞벌이를 하려는 집들도 아이를 어떻게 키우는 것이 좋을까 고민합니다.

직장생활과 자녀 양육을 과연 제대로 병행할 수 있을까? 이런 생각은 걱정과 고민을 일으키고, 직장생활에 대한 회의를 일으킵니다. 결국 이 고민의 가장 큰 밑바탕은 아이와 같이 할 수 있는 시간이 부족하다는 현실에서 오는 것입니다. 시간이 넉넉하다면 이 고민은 생기지도 않겠지요. 맞벌이 부모들이 공통적으로 갖는 고민들을 살펴보면 다음과 같습니다.

시간이 모자라요

맞벌이 부모의 가장 큰 고민은 시간이 모자라는 것입니다. 24시간도 부족하지요. 시간이 더 있다면 얼마나 좋을까요? 아침에 일어나면 급하게 준비하다가 아이들과 실랑이를 벌이고, 직장에 도착하면 '왜 이렇게 급하게 서둘렀을까?', '야단치지 말고 유치원에 보낼걸' 등의 생각들이 마음을 아프게 합니다. 후회를 하며 저녁에는 여유 있게 보내보리라 생각하지만, 퇴근하면서부터 집안일과 아이 챙기는 일들로 바쁘게 움직이다 보면 어느새 아이를 혼내는 자신을 발견합니다. 울다 잠든 아이 얼굴을 보면 안쓰럽기도 하고 미안하기도 하고…. 하지만 매번 같은 상황이 반복됩니다.

사람에게 시간이 정해져 있다는 것, 제한이 있다는 것은 마음을 조급하게 만들고 재촉하게 됩니다. 맞벌이 부모는 매번 마음이 조급하지요. 시간이 모자라기 때문에 말입니다. 시간이 모자라다 보니 아이를 제시간에 유치원이나 학교에 보내고 출근을 하려면 매번 전쟁이 벌어집니다. 뿐만 아니라 아이와 제대로 뭔가를 같이 할 수 있는 시간도 적습니다. 아이들이 '우리 동물원 가자.

놀이동산 가자. 누구네 집에는 여러 번 갔다는데….' 라는 식으로 조르면 아이에게 너무나 미안하고 시간 없는 것이 안타깝기만 합니다. '놀아달라', '책 읽어달라' 등의 아이 요구도 시간에 쫓기다 보면 제대로 하기 힘들고, 주말에는 아이가 해달라는 대로 해줘야지 하고 결심하지만, 집안 행사나 못다 한 일들을 해야 하는 상황이 빈번하게 발생합니다. 그러다 보면 아이들과 시간을 같이 보내지 못해서 생기는 거리감들을 계속 느끼게 됩니다. 어떻게 시간을 내어야 할지도 모르겠고, 자투리 시간을 이용한다고 무슨 도움이 되겠냐 싶어서 시간이 나기만 기다리기도 합니다. 아마 시간적인 여유가 있다면 아래의 고민들도 줄어들 것 같습니다.

죄책감과 두려움

윤진 엄마는 아이가 엄마와 잘 안 떨어지려 하고 작은 일에도 겁을 내는 모습을 보면 내심 가슴이 덜컹합니다. '내가 일을 안했더라면 애가 덜 불안해할 텐데….' 라는 생각이 머릿속을 떠나지 않습니다. 때론 아이 행동에서 뭔가 부족한 듯한 느낌이 들어도 다 맞벌이 때문이라는 마음이 든다고 합니다. 아이에게 몹쓸 짓을 한 것 같아서 자꾸 아기 취급을 하기도 합니다.

맞벌이 부모들은 아이에게 '부모가 필요한 시기에 떨어져 있다' 는 생각에서 오는 죄책감과 미안함이 큽니다. 내가 키워야 하는데 그렇게 하지 못하고 다른 사람에게 맡겼다는 생각 때문이지요. 심지어 직장생활을 하다가 그만둔 경우에도 '내가 없었던 시기에 대한 죄책감'이 오랫동안 마음에서 가시지 않는 부모도 있습니다. 나 때문에 그런가 싶은 마음에 항상 불안해하는 부모들도 종종 보게 됩니다.

이렇게 죄책감이 항상 아이를 대할 때 깔린 원죄 같은 느낌이라면 두려움은 어떤 의미에서 걱정과 불안의 표현입니다. 맞벌이로 인해 '항상 부족하다는 마음 때문에' 결과에 대한 두려움이 큽니다. '엄마가 키우지 않아서 혹시 아이가 욕구 불만이 생긴 것은 아닐까?', '아이가 수줍음이 많은 것이 혹시 맞벌이 때문은 아닌가?', '내가 다른 엄마들처럼 철저하게 관리하지 못해서 성적이 나쁜 게 아닐까?' 등을 항상 걱정하기 때문에, 결과를 맞닥뜨리는 것이 두렵습니다.

우리는 원인이 있으면 결과가 있다고 생각합니다. 이 때문에 부모의 손길이 덜 가면 당연히 어떤 문제가 있을 것이라는 생각에 지배당합니다. 그러다 보니 막연하게 불안과 두려움을 갖게 되고, 이를 해결하려는 잘못된 방법들이 때론 상황을 더 악화시키기도 합니다.

직장도 가정도 완벽하게?

요즈음은 능력 있는 사람을 요구하는 사회적인 분위기가 강합니다. 그래서 뭐든지 잘해야만 한다는 강박증적인 사고를 하게 만듭니다. 가정일이든 직장일이든 완벽까지는 아니더라도 다 잘해야 한다는 생각을 자의든 타의든 하게 됩니다. 스스로 슈퍼우먼이 되기를 원한다면 그나마 스트레스라도 적을 텐데, 다른 사람들이 슈퍼우먼이 되기를 기대하는 시선은 정말 부담스럽습니다.

아직도 주변의 어른들이나 다른 사람들은 직장을 다니면 '더 잘해야지' 라는 요구를 하는 사람들도 많습니다. 경제적인 이유로 맞벌이를 하게 되면 그나마 큰소리라도 칠 수 있지만, 주위에서 반대하는 직장생활은 '너 좋아서 하는 일인데' 라며 조금의 이해도 해주지 않고, 집에서도 모든 상황을 집에 있는 엄마처럼 열심히 잘해주기를 기대합니다. 어떤 시어머니는 전업주부로 집에 있을 때는 '놀고 먹는다'고 구박을 하더니, 직장을 다니기 시작하니까 집안일을 소홀히 한다고 구박을 하더랍니다. '아무리 직장을 다녀도 그렇지 어떻게 애들 먹는 것에 소홀히 하고 집안 청소도 이 모양이냐' 구요. 덩달아 남편까지도 은근히 동조하는 시선을 보내니, 직장생활을 하는 것이 죄를 짓는 것도 아닌데 뭔가 잘못하고 있다는 생각이 들게 되어서 무척 속상했답니다.

직장 끝나자마자 맡겨놓은 아이를 찾아 데리고 오면, 청소와 저녁을 준비해야 하고, 아이는 놀아달라, 이것저것 해달라 요구를 합니다. 만약 남편이 이해를 해주는 사람이면 눈 딱 감고 집안일을 미루고 아이와 놀 수 있는데, '왜 일찍 와서 청소를 안 해놨냐, 배고파 죽겠는데 저녁은 언제 먹냐' 는 식으로 투정을 부리면 '도대체 여자가 무슨 죄가 있다고'라는 생각에 화가 치밀어 부부싸움이 되기도 합니다.

그런데도 집안일이나 아이 양육에 대한 '필요성을 인정'하고 있는 마당이라, 속은 상하지만 기대대로 해보려고 노력을 합니다. 그러다 보니 알게 모르게 남들의 시선에 나도 동조되어서 슈퍼우먼이 되지 못하는 스스로를 자책하는 모양새로 변해갑니다. 뿐만 아니라 아이들도 직장생활하는 엄마를 이해하면서도, '직장생활을 하지 않는' 엄마처럼 자상하게 챙겨주기를 원하기 때문에 어쩔 수 없이 슈퍼우먼이 되려고도 합니다. 그러나 사람은 에너지의 한계가 있기 때문에 자연히 한쪽은 소홀해질 수밖에 없습니다. 이러한 것들에 대해 이해받지 못하는 상황이 생기면 어쩔 수 없이 속상함을 많이 느끼는 것 같습니다.

엄마의 빈자리를 대신할 사람

맞벌이 부모들이 가장 고민스러워 하는 부분은 '나를 대신해서 양육을 도와줄 사람'에 대한 것입니다. '양가 부모님의 도움을 받을 것인지, 아니면 놀이방을 이용할 것인지, 개인 도우미를 구할 것인지' 등에는 엄청난 고민들이 따릅니다. 임신을 하면서부터 고민은 시작입니다. 주변에서 직장동료들의 어려움을 듣게 되면 더 두려워집니다. '도우미에게 맡겼는데 맨날 아이 잠만 재웠대', ' 어떤 사람은

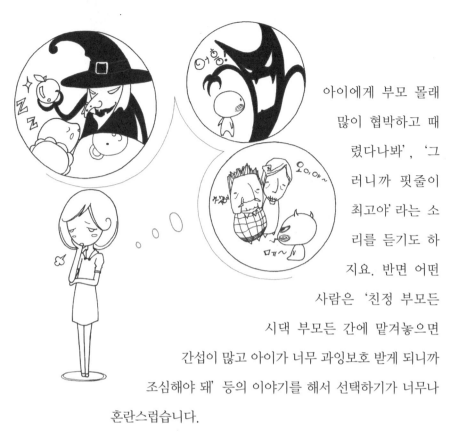

아이에게 부모 몰래 많이 협박하고 때렸다나봐', '그러니까 핏줄이 최고야' 라는 소리를 듣기도 하지요. 반면 어떤 사람은 '친정 부모든 시댁 부모든 간에 맡겨놓으면 간섭이 많고 아이가 너무 과잉보호 받게 되니까 조심해야 돼' 등의 이야기를 해서 선택하기가 너무나 혼란스럽습니다.

도대체 어떤 기준으로 사람을 선택해야 할까요? 이런 모든 것들이 너무 힘듭니다. 그래서 어떤 사람은 이런 고민을 하다가 직장을 그만두는 경우도 생깁니다. 나를 대신하는 사람을 구하려 하기 때문에 신중할 수밖에 없습니다. '핏줄을 택할 것인지 아니면 기관을 택할 것인지'도 그렇지만, 오랫동안 과연 자주 바뀌지 않고 봐줄 수 있는 사람이 있을지 등등에 대한 고민이 생깁니다. 또 구해놓고서도 '그만두지 않을까? 제대로 돌봐주고는 있을까?'에 대한 고민은 끝이 없습니다.

요즈음 부모들은 양육 지식들도 많이 알고 있어서 지레 더 병을 키우기도 합니다. '봐주는 사람들이 자주 바뀌면 아이가 애착에 문제가 많이 생긴다'는 전문가들의 이야기를 많이 들었기 때문에, 오히려 바꿔야 하는데도 바꾸지 못하는 경우도 많습니다. 아이를 제대로 봐주지 못한다는 것을 뻔히 알면서도 '양육자의 잦은 교체가 가져오는 문제'를 알기 때문에 바꾸지 못하고 어쩔 수 없이 지내는 것입니다. 그러다 보니 봐주는 아줌마에 대한 고민 때문에 직장일도 제대로 할 수 없을 만큼 머리가 아픕니다. 그래서 돌봐주는 아줌마나 양가 부모들의 눈치를 보고, 하고 싶은 말도 못하며 받들어 모시는 상황이 발생합니다.

내가 없는 사이에 무슨 일이?

부모가 직장에 있는 동안 우리 아이들이 잘 지내고 있는지 궁금하지 않은 부모는 없습니다. 물론 일에 치어서 바쁘게 지내다 보면 가끔 아이 일에 대해 생각할 겨를이 없기도 하지만 항상 그런 것은 아니지요. 내가 없는 사이에 무슨 일이 생길지 알 수 없다는 것은 생각만 해도 기분이 좋지 않습니다. 어떤 위험한 사건을 말하는 것이 아니라 내가 없는 가운데 우리 아이들이 무슨 일을 어떻게 하고 지내는지 잘 알 수 없어서 생기는 불안을 말합니다. 내가 안 보는 사이에 나쁜 짓을 하지 않는지, 학원은 잘 다니는지, 친구들은 나쁜 친구들이 아닌지, 몰래 컴퓨터를 하고 가지 말라는 PC방에 자주 가지는 않는지, 문구점 앞에 있는 오락기 앞에서 시간을 보내는 것은 아닌지 등이 너무 궁금하고 때론 불안하기까지 합니다. 그래서 아이를 믿기가 어려워지지요. 아이의 말을 다시 한 번 되짚어보기도 하고 다그치기도 합니다. 어떤 부모는 '맞벌이를 하지 않으면 아이 친구들이 집에 놀러 오기도 하고 얼굴도 볼 기회가 있을 텐데, 어떤 아이들과 어울리는지 왕따를 당하지는 않는지' 등이 너무 궁금하다고 합니다. 아이의 친구들이 어떤 아이들인지를 보면 아이가 어떻게 지내는지도 알 수 있고 때론 궁금증도 풀 수 있으니까요.

아이의 문제 행동은 맞벌이 탓?

가끔 신문이나 매스컴에서 문제 아이들이 저지른 행동들에 대한 사건, 사고가 많이 납니다. 그런데 가정환경에 대한 언급을 할 때 '맞벌이 가정'이나 '한 부모 가정' 등으로 언급을 하면서 이러한 여건들을 묘하게 문제의 원인이라는 식으로 풀어가는 것을 봅니다. 이런 기사를 읽거나 뉴스를 들으면 맞벌이 부모는 참 꺼림칙한 느낌이 듭니다. 사회적으로 맞벌이 가정을 '문제 발생의 주요 원인'처럼 언급할 때가 많기 때문입니다.

그러나 상담하다 보면 맞벌이 부모들조차도 자신의 아이를 다른 맞벌이 부모의 자녀들과 어울리게 하고 싶지 않아 하는 모습들을 봅니다. '관리가 잘 안 된다' 는 이유로 말입니다. 낮 시간에 통제를 제대로 받지 못하기 때문에 제멋대로 하는 아이들이라고 생각하는 경우가 많았습니다. 그래서 이런 아이들과 놀게 하면 우리 아이도 자기 멋대로 하는 아이가 될 것 같은 느낌이 든다고 했습니다. 맞벌이 부모들조차 꺼린다는 것은 '맞벌이를 하고 있어도 우리 아이는 달라' 라고 생각하고 하는 행동이겠지만, 그 내면에는 '우리 아이도 다른 집 부모들로부터 거부당할 수 있겠구나' 하는 생각을 하고 있다는 것입니다. 그렇기 때문에 아이에 대해 불안한 생각이 들 수밖에 없습니다.

문제가 생기면 '그 집 부모가 맞벌이한대' 라는 말로 모든 것이 이해되는 상황입니다. 그런데 맞벌이 부모들조차 이를 인정하는 상황이니 얼마나 슬픈 현실입니까? 게다가 '맞벌이하는 부모의 아이는 문제가 있다' 라는 인식을 주지 않기 위해 지나치게 노력^{단속하고 통제}하게 되면서 오히려 이런 노력들이 문제를 만들기도 합니다. 그렇다면 도대체 어떻게 해야 하는 걸까요?

그래서 이 책에서는 맞벌이 부모들을 위한 10가지 원칙을 제시합니다. 맞벌이 부모들에게 원칙이 필요한 이유는 앞에서 언급한 고민들을 최소화시키는 데 도움이 되기 때문입니다. 맞벌이 부모들이 대체로 고민은 많이 하지만 고민에서 끝나는 것을 많이 봅니다. 고민만 하고 끝나면 마음만 상하고 해결은 되지 않습니다. 오히려 더 큰 고민을 불러올 수 있기 때문에 조치가 필요합니다. 이 원칙들이 때론 부담스러울 수도 있고 귀찮을 수 있겠지만 이런 고민을 해결하려면 이 정도의 부담과 성가심은 이겨내야만 가능하겠지요. 아무런 투자도 없이 마냥 좋아지거나 문제가 없어지길 기대한다는 것은 말도 되지 않는 것이니까요. 아이들에게 '노력도 하지 않고 좋은 성적이나 좋은 결과를 기대하는 태도'를 절대로 가지지 않도록 교육을 시키는 것처럼, 부모 역시 이러한 원칙들에 따르는 노력들을 하면서 좋은 결과를 기대하기를 바랍니다.

제 2 장

맞벌이 부모를 위한
행복한 육아 학교

첫 번째 수업

무늬만 엄마, 아빠가 되지 말자

결혼을 하고 자녀가 생기면 필수적으로 갖게 되는 또 하나의 호칭이 '엄마, 아빠' 입니다. 이 호칭은 자녀로 인해 생겼기 때문에 선택이 아닌 필수적인 호칭입니다. 많은 부모들이 엄마, 아빠의 이름으로 불리지만 아쉽게도 무늬만 엄마, 아빠인 사람들이 얼마나 많은지 모릅니다. 여기서는 '아이 잘 키우는 사람이 진짜 좋은 부모' 라고 말하고자 하는 것이 아니라 부모로서의 마음자세가 어떠하냐를 말하는 것입니다. 많은 사람들이 자녀가 생기면 저절로 책임의식이 생긴다고 여기지만 꼭 그렇지만도 않음을 자주 봅니다. 어쩌면 자주 엄마, 아빠 소리를 듣다 보니 이름에만 익숙해지는 것이 아닌가 싶습니다. 그런데 익숙해지는 상황을 부모로서 책임을 느낀다고 착각하는 것입니다. 특히 맞벌이 부모는 직장생활과 부모 역할을 같이 해

24

야 하는 상황이기 때문에 그렇지 않은 상황에 있는 부모보다 '이름
에만 익숙해지기' 쉽습니다. 그래서 무늬만 '엄마, 아빠일 수 있다'
는 것이지요. 무늬만 엄마, 아빠인 사람들은 아래의 여러 유형으로
나눌 수 있을 것 같습니다.

나는 어떤 유형의 부모일까?

★1★★ 사자 아빠와 뻐꾸기 엄마형

첫 번째 유형은 사자 같은 아빠와 뻐꾸
기 같은 엄마 유형입니다. 자녀에
대한 태도가 사자나 뻐꾸기의
양육태도와 비슷해서 이름을
붙여보았습니다.

아빠 사자를 볼까요? 사자
는 동물의 왕이라고 하지요.
아주 멋진 갈기를 가지고 위엄있
게 앉아있습니다. 먹잇감을 구하는 일
은 암사자들이 도맡아 하지요. 먹잇감
을 가지고 오면 숫사자가 기다렸다는
듯이 먼저 먹습니다. 다른 식구들은

안중에도 없지요. 다 먹고 나면 다른 식구들이 먹습니다. 새끼들 양육에는 거의 관여하지 않습니다. 오히려 심기에 거슬리면 죽이기까지 합니다. 물론 숫사자의 역할이 없는 것은 아니지만, 여기서는 다른 역할보다 가족이나 자녀에 대한 배려를 보려는 것입니다.

실제로 아빠들 중에서는 사자처럼 자녀 양육에 전혀 관심이 없는 사람들이 많습니다. 그래서 너무 속상해하는 엄마와 아이들을 봅니다. 많은 아빠들이 '내가 나가서 고생해서 돈을 벌어 가족을 부양하는데 얼마나 힘든지 아냐'라고 합니다. 물론 맞는 말입니다. 하지만 사랑하는 자녀를 위해서는 이름만이 아닌 진짜 아빠로서의 역할이 필요합니다. 경제적인 것, 물질적인 것도 중요하지만 아이들은 우선적으로 아빠가 주는 관심과 애정을 받고 싶어 한다는 것입니다. 그런데도 이런 일은 엄마가 하는 것이고 아빠는 돈만 열심히 벌어주면 된다고 생각을 하기 때문에, 가끔 자신의 기분에 따라 아이들에게 장난감을 사주거나 놀이동산에 데려가고는 '엄청나게 큰 일'을 한 것처럼 생색을 내기도 합니다.

반면에 뻐꾸기 같은 엄마도 있습니다. 우리가 아는 것처럼 뻐꾸기는 다른 새의 둥지에 알을 넣어둡니다. 그리고 그냥 자신의 삶에 충실히 살아갑니다. 새끼를 다른 새가 키워주리라고 믿고서 말입니다. 뻐꾸기처럼 낳기만 하고 키우는 데 별로 관심이 없는 엄마들도 있다는 것입니다. 물론 사람인데 자기 자식에 대한 관심이 뻐꾸기처럼

아주 심하게 없지는 않겠지만, 결과적으로는 남들에게 양육을 미루고서 나 몰라라 하는 상황이 되어버리는 경우가 허다합니다. '나는 엄마 노릇에는 자질이 없어', '나는 내 능력을 발휘해야만 돼' ' 난 돈을 버니까 이것만으로도 내 할 일을 다했어' 라고 여깁니다. 그러다 보니까 자녀 양육에 임하는 태도가 뻐꾸기처럼 되어버립니다. 아이를 남에게 맡기지 말라는 말이 아닙니다. 맞벌이 상황인데 남에게 맡겨야지요. 그런데 맡기는 것으로 내 할 일 다 했다고 여기는 경우를 말하는 것입니다.

　상담하다 보면 아이 양육과 관련된 정보를 엄마는 거의 알지 못하고 다른 사람이 키워줬던 사람 아는 경우를 많이 봅니다. 물론 직접적으로 내가 보지 못했다 하더라도 내 아이이기 때문에 매번 아이에 대한 정보는 들으려고 하고 기억해야 하지 않을까요? 그런데 더 큰 문제는 아이의 정보를 모르는 것에 대해 아무런 느낌이나 미안함이 없다는 것이지요. 때론 미안해하지만 미안해하는 것으로 끝냅니다. '모르는 것이 당연하다' 고 여기거나 스스로를 합리화시키는 것이 사자 아빠나 뻐꾸기 엄마의 태도입니다.

★2★★ 도우미형

두 번째 유형은 도우미 보조자, 방관자에 만족하는 형입니다. 이 유형은 부모의 역할을 주도적으로 이끌지 못하고 옆에서 시키는 대로 '돕는 역할' 을 하는 부모를 말합니다. 이 유형은 또 두 가지로 나눌 수 있습니다. 역할을 내어준 경우와 뺏긴 경우입니다. 이것은 양육 도우미들이 주 양육자의 역할을 하는 것을 아무 생각 없이 받아들이는 경우와, 본인은 역할을 내주고 싶지 않지만 양육 도우미의 파워로 인해 역할의 주도성을 빼앗긴 경우를 말합니다.

맞벌이를 하다 보면 누군가가 자녀 양육을 맡아줘야 합니다. 이때 잠시 아이를 부탁하는 것이 아니라 역할을 줘버리듯 맡기는 부모들이 있습니다. 그래서 양육 도우미들의 입김이 세지요. 양육 도우미들의 말에 따라 아이를 키웁니다. 저녁에 집에 데려올 때 양육 도우미가 '몇 시에 재우고, 어떤 음식은 먹이고 먹이지 말고, 이렇게 저렇게 하라' 라고 하면 그대로 하지요. 혹시 그대로 하지 못하면 부모가 '애도 제대로 못 돌본다' 고 야단을 맞기도 합니다.

가장 심한 경우는 아이가 점점 커가는 데도 부모는 성장하지 못하고, 마치 신혼부부처럼 아이를 틈만 나면 맡겨놓은 채 자신들의 시간을 즐기는 경우입니다. 이렇게 자신의 역할을 보조자나 도우미의 역할로 한정지으면, 양육을 도와주는 사람들의 간섭과 잔소리, 통제 등에서 벗어나기가 쉽지 않습니다.

역할을 뺏긴 경우는, 시댁이나 친정부모와 같이 살면서 아이의 양육을 부탁하게 되는 경우에 자주 발생합니다. 부모는 부모의 역할을 하고 싶지만 그 역할을 할 기회를 시부모나 친정부모가 주지 않아서 끼어들지 못하는 것이지요. 핏줄을 나눈 가족이기에 안심하고 맡길 수 있는 장점은 있지만, 부모가 끼어들 자리가 잘 생기지 않을 수도 있습니다. 아이를 한 번 안고 싶어도 '어른들 앞에서 자기 아이 예뻐한다' 고 야단을 맞아 제대로 안을 수도 없고, 데리고 자고 싶어도 '내일 출근하니까 내가 데리고 잘게' 라면서 같이 잘 권리도 주지 않습니다. '낮에 TV나 비디오 많이 보여주지 마세요' 라고 말하고 싶어도 '내가 알아서 하고 있어. 날 못 믿냐' 는 식의 반응이 나오기 때문에 부탁도 제대로 할 수 없지요. 아빠가 아이와 놀아주려고 하면 '피곤할 텐데 쉬어라' 고 해서 마음 놓고 놀 수도 없습니다. 이렇게 부모

노릇을 하고 싶어도 주변에서 배려해주지 않아^{때론 너무 지나치게 배려해서}, 결국 역할을 빼앗기게 됩니다. 이 경우는 원치 않았다 하더라도 부모는 주변인에 머무를 수밖에 없겠죠.

★3★★ 어린아이형

세 번째 유형은 어린아이형^{미숙한} 부모입니다. 자녀를 갖는 일에 준비가 전혀 없었는데, 주위에서 빨리 '애를 낳아야지' 라고 요구해 아이를 가지거나, 결혼을 했으니까 아이를 가진다는 가벼운 마음으로 부모가 된 경우가 해당됩니다. 이런 부모들의 대부분은 자녀 양육을 핑계로 친가나 외가 근처에 살거나 같이 사는 것을 선택합니다. 그러면서 '○○의 부모가 아니라 누구의 아들, 딸' 로서 생활합니다. 퇴근하고 와서는 아이와 치사한 수준으로 리모콘 전쟁을 하고 반찬 쟁탈전을 벌입니다. 아이와는 꼭 이모, 고모나 형제처럼 관계를 맺고, 때론 아이가 자신의 생활을 방해한다고 투정도 합니다. 이때 친가, 외가 부모들은 철없는 자식이라고 야단치고 속상해하면서도 어쩔 수 없어서 손자 손녀를 봐줘야 하지요. 부모로서의 생각이 전혀 없이 주변에서 뭐라고 하는 대로 흘러가는 유형입니다. 이런 경우 맞벌이까지 하게 되면 아이는 거의 방치 수준이 됩니다.

★4★★ 불평 불만형

네 번째 유형은 불평 불만형^{책임회피형}입니다. 아이에 대한 책임은 앞의 유형들에 비해 많이 느끼지만, 책임을 수행하고 싶지 않은 마음이 큽니다. 그러다 보니 미안함과 죄책감이 들고 동시에 '어휴 쟤가 아니었더라면…' 라는 원망의 마음도 같이 가지게 됩니다. 책임은 느끼지만 짜증도 함께 나니 얼마나 삶이 힘들겠습니까? 직장일도 힘든데 집에 가면 아이들 신경도 써야 하니, 집에 들어가기가 싫어집니다. 그렇다고 안 들어갈 수도 없고, 결국 사사건건 아이들에게 야단을 치게 되거나 되도록 좀 더 늦게 들어가고 싶어서 다른 사람에게 자주 맡기게 됩니다. 이것은 엄마뿐 아니라 아빠도 마찬가지입니다. 아이들에게 뭔가 관심을 보여주고 신경 써야 하는 것은 아는데 하기가 싫다 보니, 이것이 짐이 되어서 집에 늦게 들어가고 싶어집니다. 그래서 야근 신청도 하고 회식자리도 자주 마련해서 자기 합리화를 하려는 태도도 보이지요.

★5★★ 나는 몰라요 유형

다섯 번째 유형은 무지형입니다. 이것은 아이 양육에 대해 그렇게 신경을 써줘야 하는 것에 대해 잘 모르고 있는 경우이지요. '자기 밥그릇은 자기가 챙긴다', '아이들은 시간이 지나면 잘 크고 알아서 잘 자란다' 는 식으로 지나치게 낙관적으로 생각하고 있습니다. 그래서 '부모 없는 아이들도 많은데 부모 살아있겠다, 사달라는 것 사주고 먹여주고 교육시켜주면 알아서 잘 클 텐데 뭔 걱정을 하냐'고 생각합니다. 그래서 왜 놀아줘야 하고, 왜 아이의 요구에 귀를 기울여야 하는지를 모릅니다. 때론 그렇게 하는 것이 '아이에게 질질 끌려 다니는 못난 부모처럼' 보인다고 여깁니다. 말끝마다 '나는 자랄 때 부모가 그렇게 안 해줘도 잘 자랐다' 라는 소리가 레퍼토리가 됩니다. 아이와 함께 뭔가를 하는 것을 모자라는 행동으로 받아들인다는 것이지요.

★6★★ 사회인, 공인 유형

여섯 번째는 사회인, 공인 유형입니다. 바깥에 나가서 다른 아이들을 대할 때는 정말 적극적입니다. 그런데 자신의 아이에게는 다른 아이 대할 때와 다르게 별로 관심이 없습니다. 외부 사람들이 봤을 때는 '저 집 아이는 정말 행복하겠다' 라고 하는데 막상 그 집 아이들은 '다른 사람들한테만 잘해주고!' 라며 불평을 하지요. 자녀 양육도 직장생활 하듯이 하는 사람들입니다.

집에서 과외나 놀이방, 공부방을 하는 경우를 한 번 생각해보세요. 다른 아이들에게는 잘해주면서 자신의 아이에게는 요구를 억제시킵니다. 양보를 강요하고 잘못을 해도 남의 아이는 수월하게 넘어가면서 내 아이는 야단을 심하게 칩니다. 그리고 일이 끝나고 나서 일에서 받은 스트레스를 아이에게 다 풀기도 하지요.

★7★★ 남의 엄마 아빠로 사는 유형

맞벌이는 아니지만 맞벌이처럼 시간이 없는 사람들도 있습니다. 이 유형은 봉사활동이나 종교활동, 취미활동 등을 하면서 바쁘게 지냅니다. 그런데 '○○의 엄마 아빠' 보다 다른 활동에 더 비중을 두는 것이 문제입니다. 다른 활동을 하지 말라는 의미는 '부모가 필요한 시기에 충분히 부모 역할' 을 하면서 활동을 조정하는 일이 더 중요하다는 것입니다. 예를 들어 부모가 매일 바깥에 나가있느라 아이가 학교에 갔다 오는 것도 제대로 못 보는 일이 태반이지만, 아이가 컸으니까 혼자서 집에 들어갈 수 있다고 여깁니다. 신경 좀 써야지라고 생각은 하지만, 바쁘다는 이유로 그냥 두다 보니 아이는 '정서적인 맞벌이 상태' 가 되는 것입니다. 이 경우가 진짜 맞벌이 부모보다 더 위험합니다. 스스로 맞벌이가 아니라는 생각을 가지고 있기 때문에 '언제든지 시간을 낼 수 있으니까 다음에 하지 뭐' 라고 편하게 생각하기 때문입니다. 그렇게 매번 자신의 역할을 다음으로 미루고 그냥 생각 없이 지내는 부모가 될 소지가 많습니다.

무늬만 엄마 아빠가 아이를 망친다

부모의 삶이 아이들에게 영향을 별로 미치지 않는다면 무관심형으로 살든, 사자나 뻐꾸기 같은 부모로 살든 무슨 상관이 있겠습니까? 자녀들은 어느 정도 성장할 때까지 부모의 그늘에서, 부모의 도움과 보살핌 속에서 살아갑니다. 물론 누가 키워주더라도 잘 키우면 되지 않겠냐고 항변할 수도 있습니다. 그렇죠. 누가 키우더라도 잘 키울 수 있으면 그나마 다행이지만 부모라는 존재가 있는 상황에서는 다른 사람들이 주도권을 가지고 잘 키울 수가 없습니다. 키워주는 사람들도 역할상이나 시간상의 한계가 있으며, 마음에도 아이와 오랫동안 같이 할 것이라는 생각을 하지 않기 때문에 '잘 키운다' 는 것이 쉽지 않습니다. 서로가 역할을 주도적으로 하고 있지 않기 때문에 아이는 사각지대에 머무를 수 있습니다. 그래서 부모가 '엄마 아빠' 라는 이름만 가지고 있을 때는 아이들에게 아래와 같은 여러 가지 문제들이 발생할 수 있습니다.

★1★★ 애착의 문제 = 사람과 세상에 대한 믿음의 문제

가장 흔히 볼 수 있는 것이 애착의 문제입니다. 우리가 많이 듣는 '반응성 애착장애' 만을 말하는 것이 아닙니다. 반응성 애착장애는 애착 형성에서 가장

34

상황이 안 좋은 결과일 뿐이고, 실제로는 크고 작은 애착의 문제가 발생할 수 있습니다.

애착이라는 것은 부모와의 관계를 통해 신뢰를 형성하는 것입니다. 부모와의 관계에서 제대로 된 애착 형성이 안 되었을 때, 아이는 세상에 대한 신뢰감이 떨어지게 됩니다. 세상에 대한 신뢰감이 떨어진다는 것은 바깥이 두렵고 무서운 곳으로 인식된다는 것이고, 이로 인해 생기는 불안감은 다양한 행동 양상으로 나타나게 됩니다. 유치원이나 학교 등 단체나 새로운 상황에 부딪칠 때마다 매번 적응에 힘들어하거나, 엄마와 떨어지는 것을 불안해하는 분리 불안의 문제가 발생할 수 있습니다. 또래 관계에서 적절하게 대처하지 못하고 지나치게 고집만 부리면서 자기 마음대로 하려고 하거나, 자기표현을 전혀 못하고 친구들에게 끌려다니는 모습을 보이기도 합니다. 다시 말해서 '이름만 있는 부모와의 관계'에서는 아이에게 든든한 뒤^{신뢰}가 없기 때문에 지나치게 소심하고 위축되거나, 아니면 모든 것을 자기가 해결하려 하는 고집불통 모습을 보이게 된다는 것입니다.

★2★★ 정서적 문제

어떤 아이들은 부모로부터 채우지 못한 것들을 컴퓨터 게임이나 오락, 장난감, 과식 등으로 해결하려는 모습을 보입니다. 뿐만 아니라 든든한 배경이 없기 때문에 자신의 위치_{나이에 맞는, 학년에 맞는}에 맞는 안정적이고 적절한 행동을 할 수 없습니다. 그래서 뭔가 불안정하고 차분하지 못합니다. 자기 일을 하기보다 다른 것에 관심보이는 일이 많고, 집에 귀가하는 시간들이 늦어지기도 합니다. 어떤 아이들은 바깥에서 부모를 대신할 친구들엄밀히 말하면 사람들, 연령고하를 막론하고 놀려고 하니까을 여기저기 찾아다니느라 집에 들어오는 것에 대해 개념이 없는 것처럼 보이기도 합니다.

★3★★ 부모의 통제권 상실

이름만 부모이기 때문에 부모의 통제권이 상실되기도 합니다. 그래서 그냥 넘어갈 수 있는 당연한 일도 매번 아이와 실랑이를 벌여야 합니다. 맞벌이 부모에게 가장 아쉬운 '한정되어 있는 시간'을 이런 실랑이로 보내다 보니, 부모 입장에서는 아이 양육이 기쁨이 아니라 고역이 됩니다. 그래서 던져버리고 싶은 역할이 되지요.

이름값 제대로 하는 부모 되는 법

아이를 낳고 전혀 역할을 하지 않는 부모는 거의 없습니다. 여기서 이야기하고자 하는 무늬만 엄마 아빠들은, 역할을 하긴 하는데 약간 발을 담근 정도의 역할에서부터 보조하는 정도로 만족하는 부모를 말하는 것입니다.

당신은 혹시 무늬만 엄마 아빠가 아닙니까? 이 질문은 책임의식과 관련된 것입니다. 많은 부모들이 '말도 안 되는 소리'라고 치부할지 모르겠습니다. 책임감을 안 가진 부모가 어디 있냐구요. 그런데 문제는 많은 부모들이 책임감을 머릿속에만 넣고 있고 겉으로는 내보이지 않는다는 것입니다. 머릿속에만 넣어놓은 책임감은 무겁게만 느껴집니다. 한편으로 이 책임감이 겉으로 드러날 때는 '부모로서의 권리'로 나타납니다. 권리를 잘 누리면 기쁨이 생깁니다. 그런데 이 권리를 두려움으로, 때론 피하고 싶은 숙제로만 여기는 부모들을 만납니다. 이것은 아마도 책임감을 마음속에만 가지고 있기 때문이 아닌가 싶습니다.

처음엔 '아이를 잘 키워야겠다'고 다짐을 하고 노력하려는 책임감을 가집니다. 그런데 어느새 시간이 흘러가면서 점점 육아 도우미들에게 넘겨주거나 뺏기는 경우도 생깁니다. 아마 이것은 갓난아이를 볼 때는 생명의 신기함과 감정적으로 충만함이 생겨서 다짐들을 하지만, 시간이 지날수록 그런 감정들이 수그러들기 때문이 아닐까 싶습니다. 아이가 수동적으로 존재할 때_{그냥 누워있는 아기일 때}는 내가 부모로서 느끼는 충만한 감정들을 소지할 수 있지만, 아이가 능동적인 어떤 모습_{커가면서 자기 마음대로 하는}으로 다가오면 자연히 이런 감정들과 다르게 새로운 관계를 형성해가야 하기 때문에 다짐이 다짐으로 끝나게 됩니다. 이렇게 본다면 생각이나 감정, 느낌만으로는 부모가 되기 쉽지 않습니다. 이러한 것들을 채울 수 있는 행동이 필요하겠지요.

★1★★ 탁아모를 누구로 할까요?

아이를 봐줄 사람들을 정할 때 가장 중요한 것은 '내가 얼마만큼 부모의 역할을 주도적으로 할 수 있는가?' 입니다. 그런 의미에서 꼭 핏줄에 연연할 필요는 없습니다. 양가 부모님들의 성향을 보십시오. 이것저것 챙기고 간섭이 많은 사람들이라면 아이를 키울 때 부모가 주도적인 역할을 하기가 쉽지 않습니다. 지나치게 헌신적이라면 부모자리를 뺏길 가능성도 있지요. 그렇다 하더라도 어쩔 수 없이 맡기게 되었을 때는 이런 부분들을 충분히 감안해야 합니다.

아이를 얼마나 예뻐하는 사람인지를 파악해보십시오. 돈 때문에만 아이를 보는 사람이라면 아이에게 별로 도움이 되지 않을 수 있습니다. 아이를 깨끗하게 씻기고 입히는 것보다 더 중요하게 여겨야 할 것은 아이와 잘 놀아주고 아이의 욕구를 잘 수용할 수 있는 사람인가입니다. 뿐만 아니라 성격이 강해서 자기 주장대로만 하는 사람은 피하는 것이 좋습니다. 부모의 부탁을 듣지 않고 자기 소신대로 아이를 봐주기 때문에 힘들 수 있습니다.

그리고 탁아모가 자주 바뀌는 상황이 되지 않도록 주의하는 것도 필요합니다. 그래서 선정할 때 신중하게 구하는 것이 좋습니다. 최소한 1년 이상을 봐줄 수 있는 사람이라는 조건하에 구해보십시오. 하지만 이게 말처럼 쉽지 않기 때문에 어쩔 수 없이 바뀌는 상황이 만들어집니다. 이러한 부작용들을 최소화하기 위해서는 탁아모가 아이에게 영향을 미칠 여지를 적게 만들어야 합니다. 이런 부정적인 영향력을 줄이는 것 중에 하나가 '부모가 아이를 담당하는 데 주된 양육자로서의 태도'를 가지는 것이지요. 부모가 아이와의 관계를 1차적으로 맺은 상태에서는 탁아모가 2차적인 사람입니다. 부모가 아이와의 관계에서 중심이 되면 주변의 변화로 인한 영향력을 어느 정도 줄일 수 있습니다.

때론 아이에게 도움이 될 거라고 생각하여 탁아모 집에 연령이 비슷한 아이들이 있는 곳을 찾기도 합니다. 비슷한 연령대의 사촌이나 외사촌들과 같이 있는 경우들도 있지요. 이런 경우는 상당히 신중해야 합니다. 일거양득을 원하다가 두 가지를 다 잃을 수 있습니다. 엄마를 대신할 수 있는 탁아모와 친구들을 같이 구하면 어떤 일이 일어날까요?

세진이를 봐주는 아줌마는 세진이보다 1살 많은 아이를 두고 있습니다. 세진 엄마는 아이와 친구가 되겠다 싶어서 흔쾌히 맡겼는데, 그 집 아이가 시샘을 많이 하면서 세진이를 미워하고 때리기 시작했습니다. 탁아모는 자기 애를 계속 야단쳤지요. 그러다 보니 더 세진이를 괴롭히더라는 것입니다. 그래서 할 수 없이 몇 개월 만에 또 다른 아줌마로 바꾸게 되었습니다. 따라서 손길이 많이 가는 어린 아이가 있는 경우의 집보다는 최소한 초등학교에 들어간 아이를 둔 도우미를 구하는 것이 좋습니다. 이편이 훨씬 시간이나 마음의 여유도 있을 수 있고 아이도 형이나 누나의 보살핌을 경험해볼 수 있을 것입니다.

★2★★ 잠

무슨 일이 있어도 잠은 아이와 같이 자려고 해야 합니다. 양가 부모와 같이 지내는 경우 맞벌이를 안쓰러워해서 밤에 같이 자는 것을 막을 수도 있습니다. 이것은 자녀를 사랑하는 배려의 모습이기도 하지만, 부모를 부모답게 만드는 것을 지연시키는 결과를 초래할 수 있습니다. 부모라는 자리가 처음엔 아이가 태어남으로 인해 생겼지만 그 자리에 걸맞는 마음이 생기려면 자신의 역할을 자꾸 해봐야 합니다. 결심만으로, 마음만 먹는다고 되는 것도 아니지요. 결심과 마음을 바탕으로 아이를 돌보는 상황을 경험해보는 것이 부모를 부모답게 만드는 것입니다. 그렇게 하려면 같이 자야 합니다. 물론 아이와 같이 자면 초기에는 부모가 잠도 제대로 못자겠지요. 아이가 자주 깨서 보채기도 하고 젖도 먹여야 하고, 자다가 일어나 기저귀도 갈아줘야 하는 번거로움이 있습니다. 때론 아이가 깨서 울 때마다 안아줘야 하는 상황도 생깁니다. 그러면 그 다음날 직장일이 무척 힘들겠지요. 할머니 할아버지들이 아이를 돌봐주는 상황에서는 부모들을 배려하느라 할머니 방에서 재우는데, 이것은 그때 당시는 배려이지만 지속이 되면 부모의 직무 유기에 일조를 하는 꼴이 됩니다. 아이가 어릴 때는 직장에서 피곤할 수 있지만 이러한 어려움들이 부모를 부모답게 만드는 하나의 과정이 됩니다. 출산 후 산후 휴가를 더 연장할 수 있는 회사라면 이런 제도를 이용하는 것이 좋겠지요.

★3★★ 먹는 것

되도록 모유수유를 할 수 있으면 좋겠지만 그럴 사정이 아니라면 '집에 있을 때만큼은 꼭 내가 아이를 안고 먹이겠다' 라는 생각으로 임하세요. 뿐만 아니라 아이가 어느 정도 컸을 때도, 무조건 '네가 차려 먹어라' 는 식으로 혼자 해결하게만 하지 말고, 시간이 나는 대로 부모의 손길이 묻어있는 식사를 준비하는 것이 필요합니다. 물론 시간이 없어서 매일을 할 수 없다면 일주일 중 하루나 이틀 정도는 아이들이 좋아하는 간식들을 그 전날 해놓는 것도 필요하겠지요. 시간을 내어서 그 전날 아이가 먹을 수 있는 것들을 손수 준비하고 사랑이 담긴 '아들아 딸아 사랑한다. 맛있게 먹어' 등의 메시지들도 같이 한다면, 무늬만 엄마 아빠에서 벗어날 수 있는 첫걸음이 될 수 있습니다. 아이를 뒷바라지 하는 시간이 줄면 줄수록 부모의 역할에서 조금씩 멀어지게 됩니다. 그래서 뒷바라지 하는 시간을 조금이라도 내 손으로 만들어보려는 노력도 필요하지요.

★4★★ 정보 수집의 중요성

'다른 사람들이 봐주기 때문에 나는 아이에 대해서 잘 몰라요' 라는 소리는 하지 마십시오. 따라서 탁아모가 매일 아이의 일상에 대해 이야기하는 여러 가지 아이 발달 정보를 소홀히 다루지 마십시오. 그냥 지나치지 말고 주된 책임자로서 정보를 챙기라는 의미입니다. 탁아모에게서 들은 것과 내가 파악한 것들을 육아 일기 형태로 적어보는 것도 도움이 되겠지요. 짧든 길든 아이가 하루를 어떻게 보냈는지 듣고 기록하는 것도 '내가 부모' 라는 이름하에 행동하는 좋은 모습입니다. 상담소에 내원한 맞벌이 부모들 가운데는 아이의 발달 상황 자체를 잘 모르는 경우를 많이 봅니다. 언제 옹알이를 했는지, 언제 '엄마 아빠' 를 했는지, 언제 앉았는지, 기었는지, 걸었는지 등에 대해서 거의 잘 모르겠다고 대답을 합니다. 물론 같이 지낼 시간이 적어서 그렇기도 하지만, 바빴기 때문에 잘 몰랐다고 넘어갈 만큼 부모 역할이 그렇게 가볍지는 않습니다. 내가 잘 몰랐다면 탁아모가 이야기해준 것들을 기억하거나 적어야 합니다. 부모라면, 최소한 이런 것들은 파악을 하고 있어야만 합니다. 그래야 이름만 부모가 아닐 수 있지요.

★5★★ 부탁하기

아이에게 필요한 부분들을 탁아모에게 부탁하십시오. 아이의 발달 단계에 따르는 여러 가지 신호들을 잘 챙겨서 부모가 먼저 파악을 해야겠지요. 그리고 나서 '요즈음 우리 아이가 이런 모습을 보이는데 낮에도 그런가요. 이럴 때는 이렇게 해주는 게 좋다니까 힘드시더라도 이렇게 좀 해주세요' 라고 부탁을 하라는 것입니다. 이런 부탁이 자주 되면 자연히 봐주는 사람들이 보조자의 역할로 물러나게 됩니다. 대신 뭔가를 못미더워서 캐내는 듯한 인상을 주지 않아야 돌봐주시는 분이 훨씬 기분 좋게 돌볼 수 있겠지요. 따라서 탁아모가 낮에 있었던 이야기를 하려고 할 때 잘 들으려는 준비를 하고 아이의 행동에 '놀람과 경이로운 반응' 을 보이는 것이 중요합니다.

양가 부모님들에게 맡기는 경우에도 여러 가지 부탁하기가 껄끄럽긴 하지만, 처음에 이것저것 요구하는 게 익숙해져야 부모가 주도적인 역할을 할 수 있습니다. 자꾸 부탁을 하고 이야기를 해야만 서로가 자기 자리 매김하기가 쉽습니다. 할머니가 엄마가 되지 않을 수 있고 엄마가 딸이나 며느리에 머무르지 않을 수 있습니다.

이렇게 요구하기가 힘든 양가 부모라면 처음부터 맡기지 않는 것이 좋습니다. 엄밀한 의미에서 '아이를 위해서' 어떻게 하는 것이 좋을 지를 생각해보십시오. 부모가 자기 자리 매김을 하지 못하고 양가 부모와 힘겨루기를 해야 할 상황이라면 쓸데없는 곳에 에너지를 쏟는 꼴이 되겠지요.

★6★★ 문제 해결점이나 책임은 나의 몫

아이가 낮에 칭얼거리거나 뭔가 불편하게 지내는 듯한 행동들을 탁아모를 통해 들을 때 '탁아모가 뭘 잘못했을까? 좀 잘봐주지…'라고 생각하며 책임 소재를 탁아모에게 두지 말고, '저녁 시간에 엄마 아빠와 어떻게 지내면 기분이 나아질까?' 등의 고민을 하는 것이 진짜 주도성을 가진 책임 있는 부모의 모습이라 할 수 있습니다. 결국 해결의 실마리를 제공할 수 있는 첫 단추를 항상 부모 스스로에게서 깨우기 시작하는 것입니다.

낮에 부모가 직장 가 있는 동안 돌봐주는 사람은 단지 도우미일 뿐입니다. 그런데 맞벌이를 하다 보면 도우미가 점점 엄마가 되고 아빠가 되기도 합니다. 엄마, 아빠는 도우미처럼 방관자 자리에 멀찌감치 물러나 있는 형국이 되지요. 맞벌이 가정의 아이들이 여러 가지 힘든 문제로 상담 받으러 오는데 많은 가정에 '할머니가 엄마인 집도 있고, 도우미 아줌마가 엄마인 집도 있으며, 할아버지가 아

44

빠 역할을 하고, 과외 선생님이 아빠 역할을 하는 집'들을 보기도 합니다. '아니 오히려 그 정도로 잘 봐줄 수 있으면 가장 바람직한 모습이 아니냐'고 항변하는 사람들도 있습니다. 어떻게 보면 그 말도 일리가 있습니다. 잘 봐주는 사람들이 있다는 것은 그만큼 안심하고 직장생활을 할 수 있다는 뜻입니다. 얼마나 감사할 일인가요? 그런데 여기서 강조하고 싶은 것은 한걸음 더 나아가 '잘 봐주고 있다고 그냥 거기서 머물러 있지 말고 아이 양육의 주체가 부모'라는 점을 잊지 않고 지내라는 것입니다. 탁아모들이 해야 할 것도 있지만 부모 고유의 역할이 남아있기 때문입니다. 낮에 질 좋은 서비스를 받는다는 것이 부모의 대안이 될 수는 있지만 그 자체가 부모는 아닙니다.

사람은 간사하기 때문에 잘해준다는 느낌이 들면 안심을 하고, 안심하다 보면, 방심을 하고 방심하다 보면 어느새 역할을 넘겨주게 됩니다. 잘 지내고 있다는 것이 때론 좋은 것이기도 하지만 긴장을 푸는 상황이 되기도 한다는 것입니다. 그래서 점점 더 늦게 집에 들어가도 안심이 되고, 낮 시간에 잘 놀았으니까 하는 생각에, 저녁에 아이가 부모와 같이 놀자는 요구를 쉽게 거절하게 됩니다. 아이를 정말 잘 봐주는 탁아모를 두었다면 '이 정도면 됐다'라는 생각에 머물지 말고, '나도 저렇게 해야겠다'라는 생각을 하는 것이 필요합니다.

어떤 경우 아빠가 아이를 잘 돌봐주면 엄마는 쉬고 싶은 마음에 은근슬쩍 그 역할에서 빠지게 되는 경우를 많이 봅니다. 반대로 엄마가 아이를 잘 봐주면 아빠는 마찬가지로 슬쩍 뒤로 빠지지요. 그래서 균형을 잃은 집들을 많이 봅니다. 이것은 아이의 정서 발달에 좋지 않기 때문에 부모 각자가 개별적으로 아이와의 관계 맺기를 하는 것이 사자나 뻐꾸기 같은 부모가 되지 않는 길이기도 합니다. 누가 봐주면 어떠냐고 하겠지만, 아빠가 하기 쉬운 역할이 있고 엄마가 하기 쉬운 역할이 있습니다. 이러한 역할들을 서로 맡아서 한다면 서로의 짐을 덜 수 있습니다.

★7★★ 아이 요구를 먼저

저녁에 집에 돌아와서는 가사일보다 아이 요구에 우선하는 태도를 보이는 것이 진짜 부모의 모습입니다. 맞벌이 가정은 정말 여러모로 바쁩니다. 집안일도 해야 하고 저녁 준비도 해야 하고 아이들 뒷바라지도 해야 하고 정말 몸이 몇 개라도 모자랄 지경입니다. 그러나 아이들이 어릴수록간섭을 받기 싫어하는 시기의 아이들을 제외한 저학년 수준의 아이들 집안일보다 아이의 요구에 먼저 반응하는 것이 중요합니다. 어떤 의미에서 보면, 가정주부 역할은 다른 사람들의 도움으로도 조금씩 해결할 수 있지만 저녁 짧은 시간에 할 수 있는 부모의 역할은 남들이 대신할 수 없는 고유의 것입니다.

양가 부모와 같이 사는 경우, 퇴근 후 엄마는 저녁식사 준비에 바쁜 집들을 많이 봅니다. 그러다 보면 아이 양육은 뒷전이 되고 청소나 식사 준비하는 것에 신경을 쓸 수밖에 없어 스트레스를 받기도 합니다. 이럴 경우는 정말 어떻게 할 수가 없는 상황이지요. 만약 이러한 환경을 바꾸기 쉽지 않다면 아빠가 일찍 들어 와서 ^{매일은 아니더라도} 아이를 맡는 상황을 심각하게 고민해봐야 합니다. 그래서 애초부터 이런 상황을 만들지 않는 것이 중요합니다. 부모님 집에 아이를 맡기는 것보다 '집에 와서 돌봐달라고 부탁을 하든지' '아니면 아이를 데려다 주고 데리고 오는' 것이 더 나을 수 있습니다. 이럴 경우 주변 눈치 보지 않고 아이의 요구에 어느 정도 반응하기가 쉽지요.

★8★★ 먼 곳에 아이를 두지 않기

성호는 6세 된 남자 아이입니다. 부모가 맞벌이를 하고 있기 때문에 시골에 계신 할머니 할아버지 댁에 맡기게 되었습니다. 2개월 때부터 맡기기 시작했는데 6세가 되어서 학교를 들어갈 준비를 해야 했기 때문에 집에 데리고 오게 되었습니다. 그런데 집에 오게 된 성호는 무척이나 낯설어하고 할머니 할아버지를 많이 보고 싶어 했습니다. 당연한 것이기도 했지만 지나칠 정도로 적응을 못하고 있어서 부모는 '너무하다, 아무리 내가 키우지 않았다고 해도 그렇지' 하며 많이 서운해했지요.

되짚어보면 성호 부모는 엄마, 아빠라는 이름이 그 관계를 해결해

주리라고 막연히 생각하고 있었습니다. 아이를 맡겨놓고 처음에는 아이가 너무 보고 싶어서 울기도 하고 자주 찾아가기도 했습니다. 하지만 시간이 지날수록 일이 바쁘다는 핑계로, 때론 다른 일들이 있다는 이유로, 2주에 한 번, 한달에 한 번 정도로 찾아가게 되었지요. 물론 갈 때마다 선물은 많이 사갔습니다. 아이는 부모를 기다렸는지 선물을 기다렸는지 모르지만 반가워했고, 그래서 큰 문제가 없다고 여겼던 것입니다.

과연 성호 부모는 주 양육자로서 책임을 느꼈을까요? 마음의 부담은 있었는지 모르지만, 자주 안 보니까 시간이 지날수록 '아이 없는 부모'에 아주 익숙하게 지내게 되었습니다. 그러다 보니 이런 적응의 문제가 생기게 된 것이죠.

거리가 멀면 마음까지 멀어진다고 하지 않습니까? 가능하다면 아이를 멀리 보내기보다 가까운 곳에 맡기는 일이 중요합니다. 돈도 적게 들고 핏줄이 봐주는 것에 안심이 되어 멀리 보내는 일은 절대 하지 않는 것이 좋습니다.

죄책감과 미안함, 현명하게 다스려라

죄책감과 미안함을 느끼십시오. 맞벌이 부모에게 이 말은 부담이 될 수도 있을 것 같습니다. 이게 무슨 소리인가? 하고 말입니다. 맞벌이 때문에 아이에게 소홀히 하는 것 같아서 미안하고 괴로워 죽겠는데 죄책감을 느끼라니 이게 무슨 말인가요? 죄책감을 덜고 싶은데 오히려 가중시키는 것은 아닌가 하고 의아해하는 부모들도 있을 것입니다.

맞벌이는 부모의 선택이다

많은 사람들이 맞벌이 부모에게 미안해하지 말고, 죄책감을 느끼지 말라고 합니다. 그러나 이 책에서는 오히려 맞벌이 부모는 미안해해야 하고 죄책감을 느껴야 한다고 강조하고 싶습니다. 죄책감이 생기고 미안함이 생기는 마음을 그대로 인정하라는 말입니다.

왜일까요? 맞벌이는 부모의 선택입니다. 물론 가정의 경제적인 상황 때문에 어쩔 수 없이 일을 해야 하는 경우도 있습니다. 어떤 경우는 일을 하고 싶어 하는 부모의 의지가 담겨있습니다. 때론 직장을 가지지 않더라도 취미활동이나 봉사활동을 하고 싶은 부모의 욕구도 포함되어 있습니다.

물론 아이의 더 나은 미래를 위해 더 많이 벌어야 한다고 합니다. 요즈음 과외비용이나 교육비가 너무 비싸서 한 사람이 버는 것으로는 아이 뒷바라지를 할 수 없기 때문에 맞벌이를 해야 한다고 합니다. '아이를 위해서 한다'고 합니다. 물론 시작은 아이를 위해서 할 수도 있고 부모의 능력이 사장되는 것이 아까워서 할 수도 있겠지만, 맞벌이를 하게 되면 부모의 선택으로 인해 빚어지는 결과들을 고스란히 아이가 떠안게 됩니다. 맞벌이로 인해 생긴 시간의 빈자리나 허전함을 아이는 경험할 수밖에 없지요. 선택은 부모가 했는데 그 선택으로 인한 여러 가지 영향들은 아이가 그대로 받는다는 것입니다. 만약 아이가 부모에게 맞벌이를 강요했다면 부모는 당연히 죄책감을 느낄 필요가 없고, 오히려 힘들 때 아이 때문이라는 생각이나 원망을 가질 수도 되겠지요. 그렇지만 아이들이 부모에게 맞벌이를 하라고 떠민 것이 아닙니다. 자녀가 맞벌이 상황을 선택한 것이 아니기 때문에 당연히 부모된 자로서 미안한 마음과 죄책감이 들 수밖에 없습니다.

어떤 것을 결정하고 선택을 하게 되면 당연히 그 선택에 따르는 책임이 있습니다. 맞벌이라는 상황을 선택하면 그 선택으로 인해 자녀 양육이나 집안일에 영향을 받습니다. 이때 느끼는 감정이 죄책감이나 미안함이겠지요.

물론 이렇게 항변할 수 있을 것입니다. 맞벌이가 죄인가요? 맞벌이 하는 부모가 죄인도 아닌데 왜 이 감정을 꼭 느껴야 하나요? 라고 말입니다. 이렇게 항변하는 분들은 꼭 느꼈으면 합니다. 물론 맞벌이는 죄가 아닙니다. 그런데 이런 생각을 해봅시다. 맞벌이를 하면서 아이 마음속에 씻기 힘든 상처를 남기거나 아이 성장을 방해하는 영향을 줬다면, 자녀 인생에 부정적인 영향을 줬다면, 아이에게 죄를 지은 것 같은 마음에 죄책감이 생기겠지요. 이 정도는 아니라 하더라도 자녀를 키울 때 부모의 노력이나 관심이 필수적으로 필요하다는 것을 인정한다면 사실 미안한 감이 들 수 있습니다. 분명 맞벌이는 아이에게 미안한 일입니다. 이런 감정이 안 생긴다면 나로 인해 피해를 본 아이를 생각해보란 의미입니다. 이 감정을 부정할 수만은 없습니다. 결국 이것은 부모로서의 책임감을 느끼느냐와 관련이 있습니다. 책임감이 없으면 노력도 시간이 생기면 하겠다는 식이 되지요.

죄책감을 가지지 말라고 조언을 하는 이유는 '부모가 죄책감 때문에 아이에게 적절한 훈계를 못하거나 물질적인 것으로 보상하려 하는 태도'를 보일 수 있기 때문입니다. 죄책감이나 미안함 때문에 아이를 대하는 태도가 부적절하거나 일관성을 잃는 경우, 즉 그 감정을 처리하는 방법에 대한 우려를 하는 것이지요. 이는 미안함으로 인해 빚어지는 부작용에 주목하는 것입니다.

그렇다면 죄책감을 가지지 말라고 말하는 것보다는 '죄책감을 어떻게 처리하라' 라고 이야기하는 것이 더 적절하다고 생각됩니다. 여기서는 이것을 건설적으로 해결하는 방법에 더 초점을 둘 것입니다.

맞벌이 부모들이 죄책감에 대해 서로 상반된 태도를 보이는 경우를 많이 봅니다. 어떤 부모는 죄책감을 가지고 있는데 '미안해하지 말라' 는 조언들 때문에 죄책감을 누르려고 노력하는 부모가 있고, 또 한편의 부모는 전혀 미안해하거나 죄책감을 느끼지 않고 지나치게 당당한 부모도 있습니다. 물론 속으로는 죄책감을 느낄 수도 있겠지만, 자녀를 대할 때는 전혀 생각이 없는 것처럼 행동하는 것을 종종 봅니다. 그러나 죄책감을 느끼지 않으려고 노력하는 것이나 죄책감을 느끼지 않는 태도 둘 다 적절하지 않습니다.

아이를 위해서라는 변명

죄책감을 느끼지 못하는 부모. 정말 이런 부모가 있을까요? 정도의 차이는 있지만 죄책감을 가지지 않는 부모들을 의외로 많이 봅니다. 이런 부모들은 '내가 맞벌이 하는 것은 다 너를 위해서 한다. 맞벌이를 해서 경제적으로 풍족해지니까 네가 원하는 것도 살 수 있고, 배우고 싶은 것들도 배우게 해주고, 때론 남들이 하기 힘든 비싼 과외도 해줄 수 있지 않느냐? 그런데 더 이상 부모가 뭘 해줘야 하냐' 라는 식의 태도를 보입니다. 물론 이런 경제적인 풍요가 아이의 경험을 풍요롭게 하는데 일정 부분 도움이 되기도 합니다. 그렇지만 돈으로도 살 수 없는 것이 있고, 물질적인 것이 풍요하다고 마음까지 풍요로워지는 것은 아닙니다. 부모는 이런 역할을 통해 만족할지 모르지만 아이들에게는 물질이 마음의 허전함을 채우지는 못합니다.

이런 부모들이 아이들 문제로 상담하러 오면, 상담하는 사람에게 아이를 맡겨놓고 돈으로 해결하려 합니다. 아이들이 원하는 함께 있는 시간이나 관심을 주는 데는 인색합니다. 상담하면서 '아이에게 좀 미안해했으면…'

하고 바라는 마음이 생깁니다. 그래야 아이의 입장을 조금이라도 볼 수 있으니까요. 어떻게 보면 부모로서의 책임감을 가지고 있지 않은 사람이라고 할 수 있습니다.

죄책감이나 미안함을 느끼지 않는 부모는 부모 역할에 대한 정의가 다른 것 같습니다. '낳기만 해도 부모이고 그 이상은 의무가 아니라 선택이다' 라는 식으로 말입니다. 죄책감을 느끼지 않는 부모는 '자녀에게 부모로서 주는 사랑에 대한 정의' 가 다르다는 것이지요. '낳았으면 됐지 뭘 더 바래' 라고 여기는 부모라면 아이가 어떤 태도를 보이더라도 미안해하지 않을 것입니다. 오히려 아이에게 뭔가를 해주고는 생색을 내고 대가를 바라겠지요. 실제로 이런 부모들이 꽤 있습니다. 자녀를 보험으로 여기고 아이에게 자신이 해줘야 할 것보다 자신이 받을 것에 급급해하는 사람들 말입니다. 바깥에서 일하고 왔다고 아이에게 대접 받으려고 하거나 자신의 신경을 건드리지 말라는 식으로 대하거나, 도대체 힘들게 일하고 온 엄마에게 뭘 요구하냐는 식으로 아이에게 야단을 치는 부모들 말입니다. 그렇게 자식에게 아무것도 해주지 않고서도 아이들이 장성한 후에는 큰소리치며 당당하게 자기 몫을 요구하는 부모들도 봅니다.

부모 중에서 그래도 엄마들은 미안해하는 마음들을 많이 가집니다. 아빠보다 엄마들이 육아에 대한 책임감을 느끼기 때문입니다. 그런데 아빠들은 돈을 버는 것에만 몰두하여서 육아에 참여하지 못하거나 역할을 못하는 것에 대해 전혀 미안해하거나 죄책감을 느끼지 못하는 경우가 많습니다. 아마 이것은 아빠 역할을 해야 한다는 것을 모르기 때문에 보이는 행동으로 이해하고 싶습니다. 그러나 모른다는 것이 이러한 행동을 합리화시킬 수는 없습니다. 아빠도 부모이기 때문에 미안해하고 죄책감을 느끼면서 분발했으면 합니다.

미안한 마음을 포장하지 마라

죄책감이나 미안함은 '이렇게 해야 하는데 하지 못하고 있다고 느낄 때' 생기는 감정이라 할 수 있습니다. 부모의 책임을 느끼는 사람은 '부모 역할을 하기 위해 필요한 노력'에 동의를 합니다. 지켜야 할 것을 제대로 지키지 못하면 대부분의 사람들은 '잘못하고 있다'라는 생각이 들고 죄책감이 생깁니다. 자신에게는 죄책감이 들 것이고 자녀에게는 미안한 마음이 생기겠지요.

그러나 죄책감이나 미안함은 때론 너무 힘들기 때문에 느끼고 싶지 않습니다. 게다가 주변에서 '맞벌이를 너 혼자 하냐, 미안해하지 말아라'라고 해서, 그렇게 느끼는 것조차 잘못된 감정 같아서 누르려고 애를 씁니다.

죄책감이나 미안함은 부모로서 지극히 당연한 것입니다. 느끼지 말아야 할 감정, 잘못된 감정이라면 문제가 되겠지만, 부모로서 여러 가지 여건 때문에 아이를 필요한 만큼 돌보지 못하는 상황에 대한 감정은 아마 대부분의 사람들이 느끼는 것입니다. 부모가 느끼는 감정을 굳이 누를 필요는 없다고 봅니다.

이러한 감정이 있다는 것은 아직 부모로서의 책임을 느끼고 있다는 증거이고, 감정을 처리할 수 있는 올바른 방향만 알면 긍정적인 노력을 할 수 있습니다.

그러면 맞벌이 부모들만 꼭 죄책감을 느껴야 하나요? 그건 아니지요. 맞벌이 부모들보다 맞벌이 부모 비슷하게 사는, 즉 정서적인 맞벌이 부모_{맞벌이 부모처럼 시간이 없는}들이 오히려 더 문제일 수 있습니다.

상담에서 이런 부모들을 만납니다. 아이의 문제가 어디서 비롯되었는지를 다각도로 평가한 후 '아이가 관심과 사랑을 많이 받고 싶어한다' 라는 결과를 알려주면 대뜸 '우리는 맞벌이를 한 게 아닌데요' 라고 합니다.

한 지붕 밑에서만 산다고 해서 사랑이 전달되는 것은 아닙니다. 집에서 과외를 하거나 공부방을 하거나 다른 부업을 하는 경우 아이 얼굴을 계속 볼 수 있다는 이유로 아이에게 소홀해지면서 미안함이 덜 할 수 있습니다. 바쁘게 지내는 사람들은 '마음만 먹으면 시간을 낼 수 있다' 고 여깁니다. 이런 경우에는 미안해하지도 않고 '항상 아이와 같이 할 수 있다' 라는 생각으로 몇 년을 그냥 흘려보내 아이의 문제가 커지는 경우를 많이 봅니다.

그래서 재택근무나 집에서 할 수 있는 아르바이트를 하게 되면 아이와의 시간을 보내는 부분에서 더 신중해야 할 필요가 있습니다. 마음에 안심은 될지 모르지만 자칫 너무 여유를 부리다가 맞벌이 부모들보다 더 나쁜 환경을 만들 수도 있습니다.

어떤 사람은 '이런 부모 만난 니 팔자지 뭐'라고 편안하게 생각하려 하는데 이것은 감정 자체를 편하게 하는 것에만 초점이 있습니다. 그래서 해야 할 역할들까지도 이 말 한마디로 끝내려 합니다. 이러면 부모 속은 편하긴 한데 아이들 속은 엄청 불편하다는 것을 알아야 합니다. 간혹 문제가 생겨 상담을 받는 엄마들 중에 '에이 모르겠다'는 식으로 시간이 지나면 해결이 될 거라고 생각하는 사람들을 종종 봅니다. 시간이 해결해주려면 시간 위에 노력이라는 것이 올려져야만 합니다.

미안함은 사람의 도리입니다. 미안해하십시오. 그리고 이러한 감정 자체는 나쁜 것이 아니기 때문에 그것을 누르지 마시고 받아들이십시오. 미안함을 누르면 죄책감이 없어지는 것이 아니라 다른 것으로 모양새가 바뀌어 나타납니다. 미안해하는 마음이 아이에 대한 걱정이나 짜증으로 변해서 아이를 공격하게 됩니다. 미안한 마음을 포장하려 하지 마십시오. 맞벌이를 하면 독립적인 아이가 된다는 식의 장점을 찾는 것으로 포장을 하려는 것을 멈추십시오. 그것은 포장이 되지 않습니다. 독립적일 것이라는 기대로 포장을 했는데 아이가 독립적인 태도를 보이지 않으면 내 기대에 어긋난 아이는 나쁜 아이가 되어 버립니다. 그래서 야단치고 독립적이 되라고 요구하지요. 주는 것 없이 말입니다.

죄책감을 모르거나 억누르는 부모들의 문제

*1** 문제의 원인은 내가 아닌 아이

많은 경우 맞벌이로 인해 시간의 부족이 빚어지는 것에 대해 아이에게 미안함이 덜한 경우, 아이가 저절로 뭔가를 배우고 할 것이라는 막연한 기대를 합니다. 그 기대대로 되면 다행이지만 기대대로 되지 않을 경우 아이 탓만 하게 되고, 누구를 닮았기 때문에 그렇다

면서 애꿎은 유전적인 정보를 동원하다가 결국은 남 탓을 하게 됩니다. 그러면 비난과 야단, 잔소리 밖에 남지 않고 미운 사람들만 생기게 됩니다.

미안함이나 죄책감을 느끼지 않는 부모는 '모든 문제의 원인을 바깥'에다 둡니다. 결국 아이가 생각이 모자라거나 생각 없이 행동한 것이 되고, 정신을 차리지 않고 행동한 것이 됩니다. 즉 아이가 문제라는 생각이 듭니다. 그러면 '문제아'가 스스로 문제 해결 방법을 찾아야 하고 스스로 깨달아 회개를 해야 하는 상황이 됩니다. 이것이 가능할까요? 결국 아이는 힘든 것을 해결하려고 더 극단적인 방법으로 표현하게 됩니다. 심하게 자신을 자책하는 열등감이 심한 사람이 되든지, 아니면 가출이나 자살 등의 행동을 통해 자신의 힘든 것을 드러내게 되겠지요.

★2★★ 미안함이나 죄책감이 불안이나 걱정으로

미안함이나 죄책감을 억누르다 보면, 이것이 불안이나 걱정으로 바뀌게 됩니다. 그러다 보면 아이의 행동을 객관적으로 바라보지 못하게 됩니다.

아이를 바라보는 시선이 지나치게 걱정스럽다든지, 아니면 사소한 행동도 크게 느끼게 되거나 하는 것으로 말입니다. 친구를 만나서 인사를 수줍게 해도 '주눅이 든 아이'로 해석을 하고, 친구와 싸워서 울고 들어 와도 '자기주장 못하는 아이'로 규정짓고, 때론 속상하다는 한마디에 '매일 불행하게 지내는 아이'처럼 여기게 된다는 것입니다. 물론 이런 행동이 매번 있으면 모르지만 맞벌이로 인해 아이를 파악할 시간이 부족하기 때문에 한 번 본 것이 아주 크게 확대되어 마음속에 들어오지요.

★3★★ 걱정으로 인한 간섭과 잔소리

만약 부모가 이런 불안이나 걱정을 갖고 있다면 자꾸 간섭하고 잔소리를 하게 됩니다. 아이가 말을 급하게 하느라 앞뒤가 안 맞아도 '얘는 의사 전달 능력이 문제가 있어'라고 여기고 고치려고 하거나 친구관계에서 조그마한 실랑이만 있어도 아이가 왕따를 당하거나 사회성에 문제가 있는 것 같아서 친구관계에 지나치게 개입하려 들게 됩니다. 개입이 지나치다는 것은 아이의 행동 변화를 기다리지 못하고 조급하게 군다는 뜻입니다. 아이를 볼 때 '물가에 내놓은 아이' 같은 심정이 되어서 느긋하게 기다려지지 않습니다. 몇 번 이야기 해놓고 즉시 고쳐지지 않으면 갑자기 불안한 마음이 들면서 화를 내기 시작합니다. 결국 미안함이나 죄책감을 누르기만 하면 '화'라는 것으로 감정이 드러나서, 미안함죄책감 → 불안 → 화 → 미안함, 이런 식으로 감정이 맴돌고 맙니다. 화를 내고 나면 속상하고 후회하다가 미안해하는 것이 반복된다는 점이 특징입니다.

죄책감과 미안함을 현명하게 다스리기

★1★★ 인정

사람이 어떤 상황에서 느끼는 '감정'이 남들이 보기에는 지나치다 하더라도 '나라는 사람이 느끼는 고유의 것'입니다. 그래서 사람의 감정은 소중합니다. 이 감정 자체를 좋고 나쁜 것으로 판단하지 말고 느껴지는 감정 그대로 인정하십시오. 감정이 문제가 되는 것이라기보다 이 감정을 어떻게 처리하느냐가 중요합니다.

우리는 속상함과 미움이라는 감정이 느껴질 때, '이 감정들은 나쁜 것이기 때문에 느끼면 안 된다'라는 막연한 기준을 내면에 갖고 있습니다. 그래서 '그러지 말아야지'라고 스스로를 누르게 됩니다. 그러나 이것은 단지 내가 안 느끼고 싶은 것일뿐, 그 감정이 어디로 가는 것이 아닙니다. 미움을 누른다고 해서 사랑이 생깁니까? 절대 아닙니다. 싫은 감정을 누르고 그렇지 않은 것처럼 행동하다 보면 언젠가는 감정 통제가 안 되어 폭발하는 경우가 발생합니다.

용운 엄마는 맞벌이를 하면서 매번 미안한 감정이 많이 들었습니다. 시간이 없어서 아이에게 잘해주지 못하는 것 같아서 자꾸 미안한 마음이 들었지만, 오히려 이런 감정을 가지는 자신이 당당하지 못한 것 같아서 스스로 주문 외우듯이 '나는 잘못한 것 없어. 맞벌이가 죄야?'라면서 마음을 다스렸습니다. 그러자 이런 마음이 줄어드는 듯했지만 아이가 조금만 마음에 들지 않는 행동을 해도 자꾸 눈에 거슬리기 시작했지요. 그러다 보니 야단을 치게 되고 스스로가 감정적이 되는 것을 느끼게 되었습니다. '내가 왜 이러지? 이것 가지고 왜 자꾸 야단치는 거야? 넘어가도 되는 것 같은데' 라는 생각이 들었습니다.

용운이 엄마가 해야 할 첫 단계는 자신의 마음이 틀린 것이 아니라고 인정하는 것입니다. 내가 나를 수용하고 인정하지 않으면 누가 수용해주겠습니까? 부모이기 때문에 생기는 감정, 아이에 대한 미안함을 받아들이는 것이 첫 단계이죠. 용운 엄마 역시 스스로의 감정을 옳고 그름으로 따지지 않고 '미안해해도 되는구나' 라는 것을 받아들이면서 아이를 대하는 태도 역시 조금씩 편안해지기 시작했습니다.

★2★★ 객관화시키기

자신의 감정을 인정하기 시작했다면, 두 번째 단계는 내가 느끼는 감정들의 원인을 구체적으로 찾는 것입니다. '내가 아이와 시간을 보내지 못해서 미안해하고 있구나', '이럴 때 너무 감정적으로 야단을 쳐서 미안한 마음이 드는구나', '내가 봐줄 수 있었는데도 욕심을 내서 이런 감정들이 드는구나', '내가 부모님과의 관계에서 느꼈던 그 감정으로 내 아이를 대하는구나' 등의 원인을 있는 그대로 찾아보십시오. 미안함 때문에 일관성 없이 대했던 것들도 찾아보십시오. 물질적인 것으로만 보상을 하려 했는지 아니면 안쓰러운 마음에 짚고 넘어가야 하는 것들도 대충 넘어갔는지를 말입니다.

용운이 엄마는 맞벌이 하는 부모들이 저지르는 잘못이 자꾸 뭔가를 사주는 것이라고 해서 물건으로 보상하지 않으려고 했습니다. 그런데도 마음속에 불편함이 생겼지요. 그래서 용운이 엄마는 스스로 아이에게 어떻게 해주고 싶은데 안 되는 것들을 자세하게 기록하기 시작했습니다. 기록하다 보니 '놀아달라고 요구할 때 미룬 것, 숙제 봐달라고 할 때 스스로 하라고 혼낸 것, 집에 와서 정리 안하고 어지럽힌다고 야단만 친 것, 잘 때 옆에 있어달라고 했는데 해주지 못한 것' 등이 아이에게 해주지 못하는 것이었습니다. 이런 것들 때문에 더 미안한 마음이 들었다는 것을 알게 되었습니다.

기록을 하든 생각을 하든 간에 감정을 속에다 두지 말고, 내 감정을 떼어내서 보는 것이 중요합니다. 때론 지나치게 느끼는 감정들도 있을 수 있고, 어떤 때는 엉뚱한 것을 끌어당겨서 느끼는 경우도 있을 것입니다. 이런 것들을 다 직접적으로 내 눈앞에다 놓고 보라는 것입니다.

★3★★ 행동개시

이런 감정들을 객관적으로 보기 시작한 후 거기서 머무르는 것이

아니라 이제 어떻게 하는 것이 아이에게 도움이 될 것인가를 고민해야 합니다. 만약 놀아주지 못한 것에 미안한 마음이 있으면 조금이라도 놀아주려고 노력하고, 아이에게 야단을 많이 쳤다면 야단을 줄이는 것도 방법입니다.

용운이 엄마는 평소에 하지는 않았지만 해주고 싶었던 것들을 해주기 시작했습니다. 아침에 야단치지 않고 깨우려 했고, 좀 더 자주 안아주려고 했으며 친절한 말투를 쓰려고 했죠. 그리고 아이의 요구에 100%는 아니지만 들어주려는 태도를 보이기 시작했습니다. 그랬더니 용운이의 태도가 조금씩 부드러워지면서 엄마와 가까워지는 것을 느끼게 되었고, 자연히 미안함과 죄책감들이 줄어드는 것을 느끼게 되었습니다. 미안함이 줄어들게 되면서 아이의 행동 역시 좀 더 객관적으로 보이기 시작했지요. 용운이의 행동을 무조건 걱정하면서 철없는 행동으로 보지 않고 이해도 하게 되었습니다.

결국 중요한 것은 내가 걱정하고 염려하는 것들을 단순화시켜서 행동으로 하나씩 옮겨보는 것입니다. 지금 처해진 상황에서 아이가 원하는 것들을 파악해서 부모가 할 수 있는 최선의 것을 찾아서 해보는 것입니다. 그리고 이 노력을 행동으로 옮기는 작업을 지속적으로 하고 있다면 조금씩 미안함과 죄책감들을 버리려고 노력하는 것이 좋습니다. 이런 마음이 들 때 '내가 어느 정도 최선을 다하는가? 나의 노력으로 아이가 조금씩 변화되고 있는가?' 등을 보면 미안함과 죄책감이 줄어들게 됩니다.

미안해하는 마음만 가지고 행동을 개시하지 않으면 자꾸 아이에게 화를 내게 됩니다. 죄책감이나 미안함을 없애거나 줄이려면 행동을 다르게 하면 가능하지요. 스스로의 노력이 대견하다는 생각이 들면 죄책감은 자연스럽게 줄어듭니다. 미안함과 죄책감이 없어지지 않는 이유는 행동으로 옮기지 않기 때문입니다. 이런 경우의 부모들을 많이 봅니다. 그냥 걱정만 하고 불안해하며 미안한 감정만 가지고 있습니다. 그러면서 미안해하지 않으려 하니 될 수가 없지요. 걱정만 하고 노력하지 않으면 죄책감은 더 커질 뿐입니다.

아무것도 하지 않고서도
괜찮을 거라고 기대하지 마라

어떤 부모든 아이들이 말썽 안 피우고 말도 잘 듣고 부모의 손길이 덜 가는 모습을 원합니다. 부모가 아무리 맞벌이를 하지만 아이가 이랬으면 합니다. 물론 많은 부모들의 기대이기도 합니다.

자기 할 일도 잘하고,

숙제 다 해놓고 준비물도 기억하고 때론 챙겨주면 고맙고…

저녁때 부모가 집에 왔을 때 잔소리 할 일 없고,

저녁에 쉬고 있을 때 놀아달라 소리 안 하고, 혼자 잘 놀고…

TV뉴스나 드라마 보는 데 방해하지 않고,

밤에 다음 날을 위해 일찍 자고,

아침에 출근 준비에 바쁜데 짜증내지 않고 방긋 웃으면서 일어나서,

딴 짓 안하고 옷 입고 학교나 유치원 갈 준비 빨리 하고…

이런 아이라면 얼마나 좋을까요? 그런데 많은 부모들이 이런 모습을 갖기를 원하면서도 노력 없이 그냥 그렇게 되기를 많이 바라는 것 같습니다. 그냥 그렇게 되면 얼마나 좋을까요? 맞벌이에서 자녀 양육이 가장 큰 부담인데 말입니다. 이렇게 기대하는 것이야 자유지만, 기대를 넘어 그렇게 될 것이라고 생각하는 경우도 많습니다. 그리고 바로 이런 부모가 아이와의 관계 맺기를 힘들게 합니다.

그냥 되기를 바라는 부모들의 실수

★1★★ 말 잘 들었으면…

진호는 초등학교 2학년입니다. 말을 너무 안 듣고 고집이 세서 부모는 걱정입니다. 아침에 일어나는 것도 짜증으로 일어나지요. 일일이 잔소리해야 하고 소리를 크게 지르지 않으면 세수며 밥 먹는 일도 제대로 하지 않습니다. 겨우 학교 보내놓고 출근을 하면 엄마 마음은 미안함과 속상함이 한데 엉깁니다. 퇴근 후 집에 와서 이것저것 물어보거나 시키면 뭐가 못마땅한지 뭐든 '싫어', '안 해', '이것 왜 해야 돼' 라는 식의 태도를 보여서 다루기가 여간 힘들지 않습니다. 때론 버릇이 없는 것 같아서 때려도 보고 달래도 봤지만 영 말을

안 듣습니다. 왜 이렇게 고분고분하지 못할까요? 어떤 때는 일부러 반대로 하는 듯한 느낌도 받고, 괜한 트집을 잡으려고 억지 쓴다는 생각도 많이 들어 진호 부모는 속만 상합니다. 맞벌이를 하느라 시간이 없어서 제대로 챙기지 못하고 그러긴 했지만, 너무 한다 싶은 생각이 하루에도 열두 번 더 듭니다. 진호 부모님은 '엄한 부모 밑에서 자랐기 때문에' 이렇게 말을 안 듣는 것이 도대체 이해가 안 됩니다. '말귀를 알아듣는 아이가 왜 말을 안 들을까?' 싶어 이해를 시키기 위해 열심히 설명을 해보기도 했지만, 꿈쩍하지 않는 아이가 때론 머리가 나쁜 것이 아닌가 하는 생각까지도 들었습니다.

모든 부모들이 아이가 말을 잘 듣기를 바라지만, 긍정적인 의미에서 말을 잘 듣는다는 것은 부모와 아이 관계가 좋다는 것을 의미하기도 하고, 둘 사이에 막힘이 없이 여러 가지 면에서 소통이 원활하다는 것입니다. 물론 부정적인 의미에서는 아이가 자기표현을 하지 못해서 말을 잘 듣는 것처럼 보이는 경우도 있고, 강압적인 부모 때문에 어쩔 수 없이 말을 잘 듣는 경우도 있습니다.

정말 긍정적인 의미에서의 '말 잘 듣는 아이'를 원한다면, 부모-아이의 관계에서 이루어놓은 것이 있는지 생각해봐야 합니다. 이루어놓은 것이 없거나 적으면 소통이 원활하지 않습니다. 길을 제대로 닦아놓지 않으면 소통하는 데 시간이 걸릴 수도 있고 가다가 장애물 때문에 멈출 수도 있습니다. 부모-아이 사이에 뭔가 이루어놓은 것이 있습니까? 아이와 부모 사이에 말을 잘 들을 수 있는 토대를 마련해 놓았습니까? 절대 그냥은 되지 않습니다.

요즘은 대부분 카드로 돈을 인출합니다. 이런 것들을 아이가 보고는 엄마가 돈 없다고 하면 '은행 가서 돈 빼면 되잖아'라는 대답을 하곤 합니다. 이런 아이에게 엄마는 큰일 났다 싶어서 '은행에도 우리가 맡겨놓은 것이 있어야 찾을 수 있다'고 열심히 설명을 합니다.

그런데 부모인 우리도 은행에서 카드만 있으면 무조건 돈을 인출

할 수 있다고 여기는 아이처럼 아이에게서 뭔가를 인출하려고 할 때가 많습니다. 맡겨놓은 것도 없이 말입니다. 관심과 사랑을 아이가 원하는 만큼 주고 난 뒤에야 아이의 행동에 대해 요구할 수 있는데도, 나이가 되었으니까 나이에 걸맞은 행동을 하라고 할 때가 많다는 것이지요.

아이가 말을 안 들으면 어떤 부모는 '내가 덜 무서워서 그런가' 라고 생각하는 경우가 많습니다. 이것은 부모와 아이 사이에 무서움이 전제되어야만 한다는 것인데, 항상 무섭게만 하고 살 수는 없지 않습니까? 또한 무섭게 해야만 말을 듣는다면 무섭지 않은 곳에 가서는 언제든지 말을 안 들을 수 있다는 논리가 성립합니다. 이것은 부모가 아이를 대하는 태도 자체의 문제라기보다 '말을 들을 수 있도록 만들어야 하는 뭔가' 가 없거나 부족하다는 것입니다.

부모-아이 사이에 원활한 소통이 되면 말을 잘 듣게 되어 있습니다. 원활한 소통을 위해 연결이 잘된 교통망은 필수적입니다. 마찬가지로 아이와의 관계에서도 이런 교통망이 없으면 기대는 기대로 끝날 수 있습니다.

★2★★ 그냥 사회성이 좋았으면…

지수는 1학년 남자 아이입니다. 지수는 친구들을 무척 좋아하고 찾는데, 문제는 친구들이 지수를 피한다는 것입니다. 지수가 친구들

과 놀 때 자기 마음대로 하고 친구들을 부하 부리듯이 하기 때문입
니다. 때론 잘 노나 싶지만 그럴 때는 친구들이 할 수 없이 놀아준다
는 느낌을 많이 받습니다. 매일 친구들 집을 찾아가고 싶어 하는데,
친구 집에서는 이런 저런 핑계로 놀 수 없다는 소리를 많이 듣습니
다. 이런 이야기를 할머니에게 들으면 지수 엄마 아빠는 가슴이 쓰
립니다. 그래서 매일 앉혀놓고 '친구하고 놀고 싶으면 절대로 너 마
음대로 하면 안 된다'고 가르치지만 그때뿐이고 대답만 잘~ 합니다.

수영이는 유치원생입니다. 수영이 부모가 걱정하는 것은 아이가
지나치게 남을 배려한다는 것입니다. 언뜻 보면 무척이나 착한데,
다른 친구들이 자기 것을 빼앗아가도 말도 못하고 집에 와서 속상해
만 합니다. 속상한 아빠는 수영이에게 뺏는 연습도 시키고 뺏길 때
방어하는 태도도 연습시켜봅니다. '또 친구들이 때리면 가서 너도
때려라. 아빠가 책임질게'라며 비교육적이라고 여겨지는 방법도 가
르쳐보지만 잘 안됩니다.

나이가 들면 저절로 친구관계가 원활해질까요? 언뜻 보면 그런 것
처럼 보입니다. 크니까 다 하더라는 것이 어른들의 일상적인 조언이
니까요. 그런데 저절로 되는 것 같은 것도 뭔가 부족하면 안되더라
는 것입니다. 사회성이 좋기 위해 가장 중요한 것은 부모와의 관계
가 좋아야 한다는 것이 기본 전제입니다. 부모와 관계가 좋다는 것
은 단지 잘 지내고 있다는 의미가 아니라 아이가 부모에게서 충분한

것들을 제공받아야 한다는 것입니다. 아이의 욕구를 충분히 채워주면 자연스럽게 사회성이 생기고 좋아지게 됩니다.

사회성의 바탕은 우선 아이가 엄마 아빠로부터 관심을 받고 있다고 여기는 것입니다. 이것이 충분히 넘쳐흐를 때는 바깥세상에 대한 관심이 생기고 친구관계가 좋게 형성이 되지요. 엄마, 아빠로부터의 부족함은 친구관계에서 위축이 되거나 자기 마음대로 하려는 태도를 만듭니다. 사회성은 나이가 해결해주지 않습니다. 어른이 되어서도 사회성의 문제를 보이는 어른들이 얼마나 많습니까? 친구관계는 부모-아이 관계의 또 다른 형태입니다. 부모와 적절한 관계를 잘 유지하는 아이들은 친구들과의 관계를 잘 유지할 수밖에 없습니다.

★3★★ 남들은 그냥 잘 크던데…

지민이는 4살인데 아직 말도 잘 못합니다. 말뿐 아니라 전반적으로 뭔가 또래들과 다르다는 느낌을 받습니다. 눈맞춤도 잘 안되고 혼자 노는 일이 많으며 또래에 대한 관심도 별로 없습니다. 지민이 부모는 '단지 좀 늦되나 보다'라고 생각했지만, 불안한 마음에 전문기관을 찾았다가 애착의 문제로 인해 여러 가지 발달이 떨어지는 것이라는 소리를 듣고 너무 속상해했습니다. 지민이 아빠가 지방에 근무해서 자주 집에 올라오지 못하다 보니, 지민이 엄마는 친정 부모님에게 지민이를 맡긴 채 직장 일에만 신경을 썼고, 이로 인해 아이에게 문제가 있다는 것을 뒤늦게 알게 된 것이지요.

선천적으로 발달이 떨어지는 아이가 아닌 경우, 환경적으로 방치되어서 그럴 가능성이 많습니다. '방치' 는 아이에게 경험과 자극의 기회를 뺏는 것이지요. 아이에게 먹을 것을 먹이고 입히고 씻기기만 한다고 해서 잘 크는 것은 아닙니다. TV나 비디오 앞에 아이를 두고 그냥 집에만 있으면 아이에게 경험의 기회는 줄어듭니다. 설사 외조부모가 아이를 방치했다 하더라도 부모는 저녁시간에 신경을 썼어야 한다는 것입니다. 언어 즉 말은 사람과의 관계를 통해서 배우게 됩니다. 사람과의 관계에서 말은 필수적이기 때문입니다. 이러한 관계가 제대로 안 되고 사람과의 관계에서 접촉할 기회가 적어지면 자연히 언어 발달이나 사람과의 상호작용에서 문제가 생길 수밖에 없습니다.

★4★★ 좀 크면 참을성이 생길 줄 알았는데…

수호4학년는 사소한 일에 욱하고 화를 잘 냅니다. 누가 지나가다가 스치기만 해도 '나를 쳤다' 면서 시비가 붙지요. 그래서 학교에서 선생님에게 지적을 많이 받습니다. 집에서도 마찬가지지요. 동생과도 마찰이 자주 생기는데 그 이유가 '동생이 날 괴롭혔다' 는 것입니다. 아니라고 설명을 해도 수호는 씩씩거리기만 합니다. 부모님은 아이의 화를 참게 하기 위해 여러 가지 노력들을 했습니다. 태권도도 보

내고 검도, 바둑, 서예도 시켰는데 오히려 이런 활동들을 싫어할 뿐 아니라 실랑이가 자꾸 생겨서 그만두었습니다. 학교 선생님께서 조심스럽게 전문기관을 찾을 것을 권유해서 검사를 받았습니다. 주의력 결핍 장애가 아닌가 해서 걱정했는데, 심리적인 이유가 더 크다는 이야기를 들었습니다. 수호의 마음속에 울분이 많고, 사람들이 나만 미워한다는 생각을 많이 하고 있는 것으로 나왔습니다. 검사 결과를 듣고 부모는 너무 속상했습니다. 부모는 '많이 예뻐하고 사랑하는데, 왜 이런 생각을 하는지' 싶어서 오해하지 말라고 열심히 설명을 했답니다. 그런데 수호는 믿을 수 없다고 했대요. '맨날 나만 야단치고 해달라는 것 해주지도 않으면서 그게 날 사랑하는 것이냐' 구요.

수호네는 가게를 하고 있었기 때문에 부모가 모두 가게에 매달릴 수밖에 없었습니다. 밤 늦게까지 가게를 봐야 하기 때문에 아이들은 가게에 딸린 방에서 지냈습니다. 식사 정도는 챙겼지만 다른 것들은 봐줄 여력이 되지 않아서 최소한만 챙길 수밖에 없었지요. 빨리 돈을 모아서 집을 사야 한다는 생각이 더 컸습니다. 수호에게 이런 상황에 대해 종종 이해를 구하고 조금만 참으라고 했습니다.

참을성이 없는 아이들은 여유가 없는 아이들입니다. 여유는 '심리적인 안정감'이 있느냐에 달려있는데 심리적인 안정감은 부모에게서 받는 것입니다. 부모에게서 자주 거의 매일 사랑을 받아야만 합니다. 부모가 '날 사랑하고 있구나'라고 느낄 수 있어야 한다는 것입니다. 그리고 아이들은 어리기 때문에 자신들의 욕구를 억제해가면서 살아갈 만큼 여유가 없습니다. 매일 밥 먹는 것처럼 아이들은 밥만큼 중요한 관심도 매일 받아야 합니다. 수호 부모에게 아이를 사랑하는 마음이 없어서가 아니라 사랑하는 마음을 아이에게 줄 시간을 뒤로 미루어 놓았다는 것이 문제였습니다.

★5★★ 스스로 할 줄 알았는데…

많은 맞벌이 부모들이 맞벌이라는 환경이 아이를 독립적으로 만들어줄 것이라고 기대합니다. 혼자 해야 하는 상황이 많아져서 아이가 스스로 할 수 있는 능력이 키워질 것이라는 것이지요. 이것이 맞는 말 같지만 사실 맞벌이가 가져다주는 결과는 절대 아닙니다. 오히려 그렇지 않은 아이들이 더 많습니다. 의존적이기도 하고 자기 할 일을 스스로 챙기지 못하고 잔소리에만 의존하는 아이들도 있습니다.

만약 맞벌이 가정의 아이가 독립적이라면 그것은 부모-아이 사이의 관계가 좋을 뿐 아니라 아이가 독립적이 되도록 많은 기회를 제공했기 때문에 생긴 결과입니다. 맞벌이 환경이 독립적이 될 것이라고 기대해서 아이를 위해 맞벌이를 시작하는 부모도 있습니다. 혹시 부모가 없으면 혼자 하지 않을까 싶어서 말입니다. 그리고 부모의 중요성을 깨닫지 않을까 하는 바람도 있어서 맞벌이를 합니다. 이것은 결과만 보고 그 과정을 보지 못한 채 뛰어드는 꼴입니다. 그래서 오히려 더 안 좋은 상황이 되는 경우도 있습니다. 독립이 되려면 독립할 수 있는 준비가 되어야만 가능합니다. 아이가 독립할 수 있을 때는 마음속에 스스로에 대한 자긍심혹은 자아존중감과 자신감이 있어야만 합니다. 우리는 주변에서 삼십, 사십이 되어도 독립하지 못하고 지나치게 의존적인 어른들을 많이 보지 않습니까? 독립심이 강한 아이로 키우려면 투자를 해야 합니다. 이러한 투자는 교육이나 학습이 아닙니다. 학원 많이 보내고 여러 가지 경험들을 많이 시킨다고 되는 것이 아니라 부모의 정열과 관심, 사랑의 투자가 필요합니다. 시간을 투자해야 하고, 아이의 욕구가 무엇인지 파악하려는 관심도 투자해야 합니다. 아이는 받고 먹어야 큽니다.

어느 정도 채워지면 그 다음에 아이는 존중을 받아야 합니다. 충분한 존중이 독립심을 가지고 온다는 것이지요. 충분한 존중은 아이에게 지나치게 간섭하지 않고 아이의 결정과 생각을 존중하는 것입니다. 아이를 내 아이로써가 아니라 하나의 인격체로 대하는 것이 존중의 표현일 수 있습니다. 이러한 태도를 기반으로 하면 그때부터 비로소 맞벌이라는 환경이 독립적인 아이를 위한 좋은 환경이 될 수 있습니다. 간섭할 시간이 어쩔 수 없이 적고, 또 부모가 아이를 믿기 때문에 아이 스스로 할 기회가 많아지게 된다는 것이지요.

★6★★ 긍정적인 아이가 될 줄 알았는데…

많은 부모들이 착각하고 있는 것 중에 하나가 내가 모범적인 생활을 하면 자연히 아이가 좋은 영향을 받아서 모범적인 태도를 가질 수 있다는 것입니다. 그래서 열심히 자기 일을 하는 모습을 보이려고 노력합니다. 그런데 어떤 아이는 이러한 것들을 긍정적으로 받아들이는 반면, 어떤 아이는 오히려 이러한 부모의 모습을 거부하고 싫어합니다. 예를 들어 부모가 열심히 책을 많이 읽는 모습을 보이면 아이가 책을 좋아할 것이라고 생각하지요. 물론 좋은 방법이기는 하지만 아이가 '엄마 아빠는 책만 읽고 나에게는 관심이 없어' 라고 생각한다면 책 읽는 모습이 좋아보이지 않을 것입니다. 오히려 거부하겠지요. 이것은 부모가 자신에게 어떤 관심들을 주고 있느냐에 따라 달라집니다.

'나는 커서 절대로 직장생활 안 할 거야. 맛있는 것도 해주고,
같이 놀아주는 좋은 엄마가 될 거야'

'나는 엄마처럼 직장 다니는 여자와 결혼 안 할 거야. 애들이 불쌍하잖아'

'나는 엄마 아빠처럼 공부 잘해서 의사가 안 될 거야. 그러면 맨날 일만 해야 하잖아'

이렇게 말하는 아이들이 있습니다.

이 아이들의 부모가 열심히 사는 모습을 보여주지 않아서 그런가요? 그건 아닙니다. 맞벌이라는 환경 속에서 아이가 스스로 소외되고 허전함을 느끼기 때문에 자기 아이에게는 그런 느낌을 갖지 않게 하고 싶다는 것이지요.

부모의 모습이 긍정적이길 원하십니까? 그냥은 되지 않습니다. 긍정적이 되길 원하면 긍정적인 관계가 되도록 먼저 노력을 하십시오. 물론 이것이 맞벌이 가정에서만 생기는 것은 아닙니다. 맞벌이가 아닌 가정도 우선 순위에서 아이와의 관계를 뒤로 미루면 충분히 생길 수 있는 일들이지요.

자녀교육에는 경제원칙이 통하지 않는다

위의 사례들을 보면 부모들의 공통점을 발견할 수 있습니다. 누구나 봐도 문제가 생길 수 있었던 상황인데도 부모들은 너무 상황을 안일하게 여기고 있었다는 것입니다. 서로 너무 바빠서 아이 얼굴도 제대로 볼 시간도 없고 때론 시간에 쫓기어 하루하루를 보내는 데

급급했음에도 불구하고, 아이가 아무렇지도 않게 그냥 잘 자라주기를 기대한다는 것은 욕심이 아닐까요? 그리고 또 하나의 공통점은 부모들이 자신의 역할을 하지 않아도 다른 사람들이 아이들을 봐주고 있기 때문에 괜찮을 것이라고 여기고 있었다는 점입니다. '꼭 내가 놀아줘야 하나', '낮에 놀았으니까 괜찮을 거야' 라고 여기고 있었지요. 또한 부모들은 아이에게 속상함을 많이 가지고 있었습니다. 그러다 보니 야단치고 다그치게 되는 일이 다반사였구요. 문제를 해결하기보다는 속상함을 푸는 수준이었다는 것이지요.

그리고 아이가 원하는 진정한 관심과 사랑보다는 문제 행동을 고쳐보려고 야단치는 데 더 초점을 두었습니다. '아이의 마음이 어떻기에 이런 행동을 할까?' 라고 진지하게 여기기보다 그냥 아이가 생각 없이 행동하고 있다고 여기기 때문이겠지요. 그러다 보니 아이에게 부족한 부분을 채워주기보다 어떤 행동을 요구하기만 하더라는 것입니다. 그래서 장황하게 설명하게 되고 야단을 치고 잔소리를 할 수밖에 없게 되지요.

아이가 사랑에 배고파 하고 있는데 배고픔을 채워주기보다 '너 생각 잘하고 행동 제대로 하라'고 말하는 것은 어쩌면 아이가 이성적인 판단을 할 수 있다고 여기는 우를 범하는 것입니다. 몇 번 말을 하면 알아들으리라 여기고 말입니다. 말귀를 알아듣는 아이니까 설명하면 될 줄 알고 기대하지만, 아이는 저절로 크는 것이 아닙니다.

배고픔이 채워지지 않으면 이성적인 행동은 기대할 수 없다는 것입니다. 설명이 부족하거나 말귀를 못 알아들어서가 아니라 그 말을 들을 수 있는 마음의 여유가 없었기 때문입니다.

많은 사람들이 노력의 대가를 제대로 받기를 원하지만 때론 아무것도 하지 않고서 좋은 것들이 나에게 주어졌으면 하는 바람은 누구나 다 갖습니다. 그래서 열심히 로또도 사고 때론 공짜로 주어지는 것에 어쩔 수 없이 마음이 갈 수밖에 없나 봅니다. 이런 행동들을 수준 낮은 행동이라고 치부하면서도 마음 한편에는 나에게도 하늘에서 복이 뚝 떨어져줬으면 하는 바람들은 다 갖고 있습니다. 그리고 우리 삶에 경제의 원칙이 적용되기를 바라지요. 최소한의 비용으로 최대한의 효과를 내는 것처럼 말입니다. 이상하게도 자녀에게 관심이 덜한 부모일수록 그냥 아이가 잘 자라기를 기대합니다. 어쩌다가 조금 노력하면 대단한 것을 한 것처럼 아이에게 생색을 냅니다. '엄마 아빠가 없는 시간 내서 널 위해 이렇게 노력했는데 도대체 넌 왜 그러니?'라고 말입니다. 그리고 아이가 빨리 커주기를 바랍니다.

정말 자녀양육에서도 최소한의 노력으로 최대한의 효과를 볼 수 있을까요? 솔직히 효과를 봤으면 좋겠다는 마음이 클 것입니다. 특히 맞벌이 부모의 경우에는 더 하겠지요. 그렇지만 아쉽게도 자녀 양육에 있어서는 경제의 원칙들이 제대로 적용되지 않는 것 같습니다. 그러면 아예 기대를 하지 말라는 말인가요? 그건 아닙니다. 그냥 기대만 하지 말고 기대하려면 '뭔가를 채우고서' 기대하라는 것입니다.

아이를 키우는 것은 로또나 우연으로 얻어지는 뭔가가 아니기 때문에 공짜심리를 보이지 말자는 것이지요. '아무것도 하지 않고 열매를 얻을 수 없는 것처럼' 뭔가를 하지 않고서 아이가 내 마음에 드는 행동을 하리라 기대하는 것은 지나친 욕심입니다.

아이가 고집도 덜 피우고 나이에 맞는 행동도 하고 자기 할 일을 조금이라도 알아서 하기를 바란다면 아이에게 부모로서 뭔가를 채우십시오. 잔소리나 야단 아닌 다른 것 아이가 원하는 진정한 관심과 사랑 으로 말입니다.

아이와 나 사이의
정서적 거리를 제대로 측정하라

우리 부모들은 내가 아이를 사랑하고 있기 때문에 아이들이 내가 사랑하고 있는 것을 당연히 알고 있다고 생각합니다. 많은 부모들이 '부모니까 아이를 사랑하는 것은 당연하지' 라고 생각하는데, 아이 입장에서는 이런 부모의 생각에 동의하지 않는 경우가 많습니다. 어쩌면 이것은 부모-자식이라는 관계, 즉 핏줄로 맺어진 관계라는 이유로 사랑을 공식화시키기 때문일 수 있습니다. '고슴도치도 자기 자식을 사랑하는데, 하물며 사람인 내가…' 라며 아이를 사랑하고 있다고 여깁니다. 하지만 부모는 자식을 사랑할지 모르지만 자식이 부모에게서 사랑을 받는다고 여길까에 대해서는 고민을 해봐야 할 것 같습니다. 내가 아이를 사랑한다고 해서 아이가 사랑을 받고 있다고 여기는 것은 착각일 수 있습니다.

부모가 느끼는 거리와 아이가 느끼는 거리는 분명히 차이가 있습니다. 이 차이가 크면 클수록 서로 불행하고 힘들어지겠지요. 특히나 맞벌이 부모들이 이런 착각을 하며 살고 싶어합니다. 한쪽은 사랑한다고 여기는데 다른 한쪽이 아니라면 이것은 큰 불행이 아닐 수 없습니다. 감정을 숨기고 살면서 생기는 공허함으로 인한 상처들이 다른 문제들을 야기할 수 있기 때문입니다. 겉으로 보기에는 행복해 보여도 마음은 아닌 것과 같은 맥락입니다.

만약 서로 사랑을 느끼는 차이가 있을 수 있다면 이것을 어떻게 알 수 있을까요? 우리 아이와 나는 정말 서로 사랑을 하고 사랑을 받고 있다고 여길까요?

부모와 아이 사이, 관계 판단의 기준

말로 측정하는 것은 문제가 있습니다. 아이에게 엄마, 아빠를 사랑하냐고 묻는 것은 아이에게 모범답안을 대답하도록 강요하는 것입니다. 커가는 아이들은 부모가 원하는 대답을 일부러 할 수도 있고,

더 많이 사랑해 줄게.

어떤 아이는 표현을 잘 안 하기도 합니다. 아이가 부모에게 '엄마 미워, 아빠 미워'라고 말한다고 단순히 거리감이 있다고 측정하는 것은 전체를 잘 보지 못하는 것입니다. 아이와 적절한 관계인지를 측정할 수 있는 잣대를 생각해봅시다. 어떤 상황이면 적절하다고 표현할 수 있을까요?

가장 중요한 것은 현재 아이의 신체 발달, 정서 발달, 인지적 발달이 잘 되고 있는가 확인하는 일입니다. 물론 여기에는 선천적으로 타고난 것들이 분명 고려되어야 합니다. 선천적으로 타고난 것들을 고려한 후, 아이가 자기 연령에 맞는 생각이나 행동을 하는지를 보는 것이 필요합니다. 이것은 부모의 잣대나 기대가 아닌 객관적인 잣대를 의미하는 것입니다.

다 그런 것은 아니지만, 정서적인 발달이 눌리면 신체적인 성장이 되지 않는 아이도 있고 인지적인 발달 역시 잘 되지 않을 수도 있습니다. 지적인 호기심을 보일 나이인데도 놀기만 좋아한다든지, 놀아야 할 시기에 지나치게 인지적인 것에만 관심을 갖는 것도 부모와의 관계에서 어느 정도 문제가 있을 가능성이 있다는 것입니다. 선천적인 것 때문이 아니라면 부모와의 관계를 고려해볼 필요가 있습니다.

여기서 주의해야 할 것은 객관적인 잣대를 사용해야 한다는 것입니다. 아이의 연령에 맞는 아이의 성장 발달에 대해 부모가 알고 있어야 합니다. 객관적인 잣대를 놓고 봐야 하는데 이러한 잣대들도 부모에 따라 다른 것 같습니다. 어떤 부모는 아주 높은 잣대를 가지고 아이를 평가합니다. 그래서 아이가 부모의 기대치에 못 미치다 보니 '별 문제가 없는데도 항상 부족한 아이'처럼 대하게 되고, 이로 인해 가지지 않아도 될 '마음의 열등감'을 만들어서 결국은 정서적으로 문제를 만들기도 합니다. 이렇게 해놓고 아이가 자신감이 없다고 속상해합니다. 결국 이러한 잣대가 부모와 아이 사이의 정서적 거리감을 만든 셈입니다.

반대로 기준이 너무 낮아서 애들은 크면 괜찮다면서 항상 어린 아이 취급하는 부모도 있습니다. 여섯 살이 되었을 때나 열 살이 되었을 때나 상관없이 아기 취급을 합니다. 때론 고학년인 아이를 '우리 아기'라고 부르기도 하고 마냥 귀여워하면서 지나치게 챙깁니다. 이것은 은연중에 아이로 하여금 성장하지 말라는 메시지를 전하는 것과 같습니다. 이러한 것들이 아이로 하여금 퇴행행동을 하게 하지요. 이 상황 또한 성장을 막는 결과를 초래합니다. 이것은 친밀하다기보다 앞에서 말한 것처럼 의존적인 관계이기 때문이지요. 이것 역시 정서적 거리감에 있어서 가깝다고 느낄지는 모르지만 아이의 성장 측면에서 보면 적절하게 가까운 것이 아닌 '밀착'된 관계라고 볼 수 있습니다. 성장을 방해하는 관계는 좋은 관계가 아닙니다.

물론 만 3~4세의 아이들이 부모에게 분리되지 못하고 밀착되어 있는 느낌을 갖는 것은 지극히 정상입니다. 그렇게 밀착되어서 부모에게 충분히 받아야만 그다음 서서히 분리될 수 있는 것입니다. 즉 시기에 따라서 아이의 행동들이 건강한 행동이 될 수도 있고 아닐 수도 있습니다.

분리가 되어야 할 나이의 아이들이 분리되지 못하고 부모에게 밀착되어 있다면 이것은 아이가 부모에게서 좀 더 충분히 받아야 하는, 덜 충족된 상태임을 의미하기도 합니다. 그리고 앞으로 충족되어야만 분리가 가능하다는 것을 의미하지요. 그런데 어떤 경우, 아이가 분리하려 하는데 부모가 아이를 분리시키지 못하고 내 품에 두려는 경우가 있습니다. 이것은 상당히 부정적입니다. 때론 밀착되어 있는 것을 부모가 '날 사랑하나보다'라고 착각하기도 하는데 이것은 의존이지 진정한 사랑은 아닙니다.

결국 이러한 잣대들이 객관적이지 않다 보니 아이를 있는 그대로 평가하지 못할 때가 많이 있습니다. 그래서 없는 문제를 만들기도 하고 있는 문제를 덮어버리거나 모르고 지나가는 경우도 생깁니다. 이것을 막기 위해서는 주변^{또래 아이들은 어떤가}을 돌아보고 '아이들의 발달에 대한 지식'들을 익히는 것도 필요합니다. 만약 객관적으로 아이의 행동이 나이에 맞지 않는다면 이것은 부모와 아이 사이에 거리감이 있다는 것을 의미하기도 합니다. 정서적인 거리감이라는 것은 단지 멀리 있고 가깝고를 의미하는 것이 아니기 때문입니다.

자기 나이에 맞는 행동을 하나요? 자기 나이에 맞는 감정들을 느끼는지요? 어리다는 생각이 많이 듭니까? 그리고 내 마음에 안 드는 행동들을 하고 있습니까? 현재 드러나는 문제가 무엇입니까? 이러한 여러 가지 문제들은 부모와 아이 사이의 정서적인 거리를 단적으로 드러내는 것들입니다.

아이의 여러 가지 문제들로 인해 고민이 있습니까? 친구 관계가 좋지 않거나 바깥에서 너무 지나치게 위축되어 있거나 여기저기 간섭이 많습니까? 학교 선생님에게서 공부에 방해가 된다고 말을 듣습니까? 말을 안 듣습니까? 짜증이 많습니까? 이것저것 요구 사항이 지나칩니까? 사소한 일에 눈물을 보이거나 삐칩니까? 이런 부분들이 선천적인 문제가 없는 상황이라면 정서적인 거리감을 밑바탕에 둔 문제들일 가능성이 있다는 것입니다.

요즈음은 아이들의 정서, 심리가 미숙하다는 소리를 많이 합니다. 인지적인 자극들로 인해 지적인 측면은 똑똑하다 소리를 많이 듣는데, 이에 비해 정서적인 면에서의 성장을 도모할 수 있는 것에는 별로 관심을 두지 않기 때문에 나이보다 미숙한 아이들이 많습니다. 이것은 정서적으로 영양가가 부족해서 못 자라고 있다는 것이지요. 겉으로는 기름진 음식과 여러 가지 다양한 맛있는 음식을 먹어서 비만이 많고 영양과다가 많지만 심리적으로는 영양이 부족한 경우가 많다는 것입니다.

많은 부모들이 아이와 부모 사이에 거리감이 있다는 것을 인정하고 싶지 않아 합니다. 하지만 아이들의 현재 상태는 거리감을 표현하는 냉엄한 현실임을 인정해야 합니다.

아이가 부모보다 낮에 봐주는 탁아모를 더 좋아하거나 할머니 할아버지와 더 가깝다면 이것 역시 아이와 거리가 있다는 것을 의미합니다. 서운해 하지만 말고 왜 거리가 생길 수밖에 없는지를 생각해 보십시오.

거리감을 만드는 원인

*1** 부모의 욕심

지나치게 성적에 집착하거나 아이를 만능으로 키우기 위해 아이가 감당할 수 있는 수준 이상으로 억지로 많은 경험들을 하게 만들때, 아이는 스트레스를 받아 부담스러운 하루하루를 보내면서 지치게 되지요. 그러다 보면 자연히 부모와의 거리감이 생깁니다. 부모들은 '우리 애는 다른 아이들에 비해 시키는 것 많지 않다' 라는 말을 쉽게 합니다. 그런데 아이들은 부모가 느끼는 것보다 더 많다고 느끼고 있으며 부모의 생각보다 더 힘들어하고 있습니다. 이런 힘들다는 것에 대해 아이의 마음을 보듬어주거나 처리해주지 않으면 아이는 자연히 부모와의 관계에서 느끼는 거리감이 커집니다.

★2★★ 아이의 욕구에 민감하게 반응하지 않는 부모

아이들은 자신이 필요한 것들을 어떤 식으로든 표현을 합니다. 사람에게는 크게 두 가지 욕구가 있습니다. 하나는 사랑받고 관심을 받으며 의존하고 싶은 욕구이고, 또 하나는 독립하고 싶은 욕구 즉 자율성의 욕구입니다. 아이들은 성장하면서 이러한 욕구들을 표현합니다. 하지만 일하느라 바쁜 부모는 이러한 것들에 제대로 반응하지 못하는 경우가 많습니다.

아이가 엄마 아빠에게 뭔가 요구하고 있다고 느끼기는 하지만 그냥 넘어가다 보니, 아이 역시 포기하고 요구를 덜 합니다. 때론 아이의 눈빛에서 엄마 아빠의 관심을 원한다는 것을 느끼긴 하지만 느끼기만 하고 끝냅니다. 아이들의 욕구가 있다고는 느끼지만 이러한 욕

90

구를 바쁘다는 이유로 마냥 미루기만 할 때가 많다는 것이지요.

아이가 저녁에 부모와 같이 얘기를 나누길 원하는 것은 알지만 시간이 없어서 그냥 지나칩니다. 때론 아이가 있지도 않은 일을 만들어서 부모에게 이야기하려고 하는 모습을 보면서 '나하고 뭔가를 같이 하고 싶어 하는구나' 하는 마음이 들지만, 한편으로 '거짓말하면 안 된다' 라는 식으로 처리를 해버리기도 합니다. 아이가 안기길 원해서 옆에 다가왔는데, '너 할 일 얼른 해라' 라는 식으로 반응을 합니다.

그런데 이러한 아이의 욕구에 어떻게 반응을 하느냐에 따라 아이는 성장을 할 수 있고 친밀감을 느낄 수 있습니다. 아이가 보내는 신호는 '엄마, 아빠 날 좀 봐요. 나 여기 있어요' 라는 정서적인 신호인데 부모는 '너는 지금 시간이 몇 시인데 아직도 그러고 있냐' 는 식의 지극히 일상생활에 관한 태도로 받는다는 것이지요. 아이가 보내는 신호가 어떤 신호인지를 잘 알아채지 못하면^{민감하지 않으면} 아이는 소외감을 느낄 수밖에 없습니다.

★3★★ 무관심과 방치

방치는 아이의 욕구에 반응하지 못하는 것보다 더 심각한 수준이지요. 이것은 신호가 어긋나는 것이 아니라 아예 아이의 신호에 대해 무반응인 것처럼 대하는 것입니다. 맞벌이에서 부족한 것이 시간입니다. 바쁘다는 것이 가져오는 가장 큰 문제들은 아이들을 방치하는 것입니다. 이러한 방치들은 거리감을 만듭니다. 방치 당한 아이들은 외부 자극에 덜 예민하거나 지나치게 예민한 모습들을 보입니다. 이것의 구체적인 모습들은 사회성의 결여로 나타납니다. 방치를 하다 보면 아이가 어떻게 지내는지 어떤 생각들을 하고 뭘 원하는지를 도통 모르게 됩니다. 아마 부모와 아이 사이의 거리를 실제로 나타낸다면 이 경우가 거리감이 가장 클 거라고 여겨집니다.

★4★★ 과도한 훈육

차분히 앉아서 이야기할 시간조차 부족한 맞벌이 상황은 부모로 하여금 가르침과 훈계만 하게 만들곤 합니다. 여러 가지 말로 타일러도 될 일들을 윽박지르게 되고 주입시키게 되지요. 시간이 없으니까 부모가 하고 싶은 말을 명령처럼 지시내리고, 지시대로 따르지 않으면 벌을 받게 하는 효율적인(?) 시스템이 됩니다. 이것이 꼭 나쁘다고만 할 수는 없지만, 서로 훈훈함이 나누어지지 않은 상태에서 훈육만 받으면 저절로 거리감이 생기겠지요.

처음에는 아이를 잘 키우려고 하는 마음에서 훈육을 하지만, 모범생처럼 키우려고 가지치기를 하다 보면 과도해지기 십상입니다. '맞벌이 하는 집의 아이는 통제가 잘 안되더라, 자기 마음대로 하더라'라는 인식을 불식시키기 위해 모범생처럼 행동하기를 자주 요구합니다. 그래서 사소한 행동들도 꼭 짚고 넘어가다 보면 아이는 숨이 막히겠지요. 과도한 훈육을 받은 아이들은 산만하거나 공격적인 행동을 보이기도 합니다. 때론 다른 사람들의 잘못을 찾아내고 고자질하는 데에 에너지를 쓰기 때문에 친구관계에서도 미움을 살 수 있습니다.

★5★★ 짜증이나 신경질적인 태도

아이들이 부모의 마음에 들지 않는 행동을 하거나 말을 안 들을 때, 여러 가지 통제 방법들을 사용합니다. 그 중에서 가장 효과가 없고 좋지 않은 것 중 하나는 아이의 태도에 대해 부모가 짜증이나 신경질을 부리는 것입니다. 이러한 태도는 아이 행동이 잘못되었다는 것을 가르쳐주지도 못하면서, 아이로 하여금 부모에게서 거절당했다는 느낌을 갖게 합니다. 뿐만 아니라 감정적으로 보일 수 있기 때문에 아이로 하여금 부모를 우습게 여기는 결과를 가지고 오기도 하지요. 부모의 권위가 손상될 가능성이 가장 많습니다. 아이가 뺀질거리거나 부모에게 친구 대하듯이 대들거나 부모의 말을 맞받아치는 상황을 가만히 살펴보면, 부모가 아이에게 야단을 치기보다는 오히려 아이처럼 짜증이나 신경질적인 태도를 가진 경우가 많았습니다. 차라리 엄하게 야단을 치는 것이 짜증이나 신경질보다 더 나을 수 있습니다. 부모는 아이가 아니라 어른이기 때문에 어른의 모습으로 아이를 대하는 것이 중요합니다.

★6★★ 잔소리

우리나라 사람들이 가장 많이 쓰는 말이 '빨리 빨리' 라고 합니다. 누구나 이 말을 많이 쓴다는데 맞벌이로 인해 시간이 부족한 집에서는 얼마나 많이 쓸까요? 물론 '바쁘니까 빨리 해라' 라고 할 수 밖에 없는 상황이겠지만, 아무리 바빠도 잔소리 할 만큼의 시간은 있는데 따뜻하게 말할 시간은 없다는 것이 문제입니다.

시간에 쫓긴다는 것은 아이들이나 부모 모두 불안정하게 만듭니다. 심리적인 불안정이 생긴다는 것이지요. 그리고 야단과 비난을 매번 난무하게 됩니다. 아무리 가까운 사이도 잔소리가 많아지면 가까운 사이를 멀게 만듭니다. 잔소리는 아이들로 하여금 이중적인 감정을 갖게 만듭니다. 떨어져 있을 때 즉, 이성적인 상황에서는 부모와 자신이 가깝다고 여기지만 막상 얼굴을 맞대고 생활할 때는 잔소리 때문에 싫은 감정이 생깁니다. 이런 이중적인 감정들은 생각과 감정을 따로 놀게 만들어서 자신의 감정을 숨기거나 누르기 때문에 점점 부모에 대한 좋은 감정들이 줄어들기 마련입니다.

★7★★ 아이의 기질을 무시

아이의 기질 무시는 거리감 형성에 큰 영향을 줍니다. 맞벌이 부모는 아이의 기질을 제대로 모를 때가 많습니다. 시간이 없어서 아이를 제대로 파악하지 못하기 때문이지요. 전혀 다른 기질들이 존재할 수 있는데 짧은 시간에 보는 모습만으로 아이의 기질을 파악하다 보니까 적절하게 대처를 못하는 것 같습니다. 게다가 우리는 맞벌이라는 상황을 물질로 보상하지 말고 아이와 많은 대화를 나누라는 조언을 듣습니다. 물론 맞는 이야기지만 아이의 기질을 무시할 때는 이것이 오히려 좋지 않은 결과를 낳을 수도 있습니다.

신지 부모는 아이의 욕구를 잘 채워주고 있다고 여겼습니다. 아이가 갖고 싶어 하는 물건이나 놀고 싶어 하는 물건들을 채워주기보다는 많이 대화를 하고 싶어 했습니다. 이것이 진짜 사랑이라고 여기고 말입니다. 그런데 신지는 대화를 나누려고 엄마가 '오늘 뭐 했어?'라고 말을 하면 '별 것 없었어'라는 식으로 대화에 응했습니다. 사실 신지는 말을 나누는 것보다 같이 인형놀이를 하면서 놀고 싶어 했거든요. 게다가 신지의 기질은 표현을 적극적으로 하지 않고, 말보다는 생각을 많이 하는 스타일이었습니다. 때론 글로써 자신의 생각을 표현하고 부모에게 편지도 쓰는데, 부모는 바쁘기도 하고 글 쓰는 것보다는 말하는 것이 시간 절약도 되고 해서 말로 답장을 대신하기도 했답니다. 그런데 신지의 반응은 의외였습니다. '엄마, 아빠는 나를 무시해. 한 번도 답장 안 해주고…'라는 것이었죠. 이것도 나중에 신지가 기운이 없고 표정도 우울해보여 아이를 파악하면서 알게 된 사실이었습니다.

사람의 기질은 다양하며 서로가 다른 부분이 많습니다. 활동적인 아이는 활동적으로 놀아주는 것 자체가 오히려 산만함을 막을 수 있습니다. 그런데 부모가 활동적인 아이를 너무 부산하다고 생각하여 계속 제지를 하고 야단을 치게 되면, 속에 있는 에너지를 분출할 곳을 못 찾게 되므로, 얌전히 있어야 할 곳에서 참지 못하고 움직이다가 산만하다는 소리를 듣게 됩니다. 아이가 가지고 태어난 기질을 무시하는 것은 곧 그 아이 자체를 무시하는 것이 되기 때문에 자연히 아이는 '나는 이해받지 못하고 있다'라고 여기게 되겠지요. 이런 느낌 자체가 부모와의 거리감 표현이기도 합니다.

아이와의 정서적인 거리감을 줄이는 방법

★1★★ 아이에게 감동을 선사하라

훈계나 야단을 사용하기 이전에 아이의 마음을 먼저 감동시키십시오. 우리 아이는 어떤 때 엄마, 아빠가 나를 이해한다고 여깁니까? 이것이 어렵다면, 남들이 나를 어떻게 하면 감동시킬 수 있다고 여기는지를 생각해보십시오. 부부관계를 예로 들어봅시다. 어떤 부부는 서로 열심히 노력하는데 뭔가 잘 맞아 들어가지 않는 것을 느낍니다. 생일 때 부인은 꽃을 원하지만 남편은 필요한 것 사라고 돈을 줄 수 있습니다. 이것을 부인은 성의가 없다고 여길 수 있고 남편은 자신이 원하는 것을 사라고 배려한 것이라고 합니다. 틀린 것은 아

니지만, 노력을 했다면 그 노력이 오해 받지 않는 것도 필요합니다. 이러한 오해는 관계를 깨트리기도 하니까요.

감동을 시키려면 상대방의 욕구를 잘 파악하는 것이 필요합니다. 이것은 내 관점이 아니라 상대방의 관점에서 보는 것입니다. 내 관점에서 감동시키려는 노력은 힘만 들고 결과가 노력만큼 나오지 않을 수 있습니다. 아이는 바깥에서 부모와 같이 산책하기를 원하는데 부모는 아이를 데리고 다양한 경험을 위해 여기저기 데리고 다니는 경우들을 봅니다. 부모의 노력이 문제가 있는 것은 아니지만, 아이가 원하는 산책을 해주는 것이 멀리 데리고 가는 것보다 훨씬 감동할 가능성이 많다는 것입니다.

아이의 욕구를 파악하는 것은 정서적인 거리감을 좁히는 데 아주 중요하다고 할 수 있습니다. 이 욕구는 아이의 성장 발달 단계와 관련이 있습니다. '관심 받고 의존하고 보살핌을 받기를 원하는 욕구'와 '스스로 뭔가를 결정하고 해보려 하고 간섭받지 않으려는 욕구'가 있습니다. 이것을 사랑과 관심의 욕구와 자율성의 욕구라고 말합니다. 이 두 가지 욕구는 하나만 나타나지 않습니다. 이 두 가지 욕구를 동시에 지니고 있지만, 한 욕구가 좀 더 드러나 보일 뿐입니다. 다만 점점 성장하면서 적절한 보살핌을 받으면 독립, 자율성의 욕구를 더 많이 드러내겠지요.

아이에게 관심을 표현하기 위해서, 학교 갔다 온 아이에게 이것저것 물어보고 질문을 하면 아이의 연령마다 다르게 반응합니다. 저학년 이하의 아이들은 이를 부모의 관심으로 느끼지만 고학년이나 중학생 이상의 아이들은 귀찮아합니다. 저학년 이하일 때는 좀 더 적극적인 관심이나 애정 표현이 필요하지만 고학년이 되면 아이의 자율성에 좀 더 무게를 두고 접근을 해야 합니다. 물론 이것을 꼭 연령과 연결시킬 수는 없습니다. 아이마다 정서적인 발달도 다르기 때문에 저학년, 고학년을 엄격하게 구분하는 것은 문제가 될 수도 있습니다. 고학년이라도 아기처럼 대해주기를 원하는 아이도 있습니다. 이러한 아이는 정서적인 보살핌이나 돌봄에 대한 욕구를 표현하는 것이기 때문에 이 욕구를 적절하게 잘 수용해주는 것이 중요합니다. 때론 어떤 아이는 자기가 할 수 있는 일에 부모가 도움을 주려 할 때 그 도움 자체를 거부하는 아이도 있습니다. 그런 경우는 아이 스스로 자신의 자율성을 표현하는 것이기 때문에 오히려 도와주려고 접근하는 것이 아이로 하여금 간섭이나 잔소리, 통제로 여길 수 있다는 것입니다.

중학교 2학년 남자아이를 둔 어떤 아빠는 대화가 중요하다고 얘기를 듣고는 계속 대화를 시도하려 했더니 아이가 아예 입을 다물어버려서 실패를 했다고 합니다. 어쩌면 중학교 2학년 남자 아이와는 대화를 시도하기보다 아이의 어깨를 두드려주면서 필요한 것이 있는지 물어보고, 아이가 뭔가를 이야기할 때 귀를 쫑긋 세워서 듣기만 하며 고개를 끄덕여주는 것이 더 좋을 수 있습니다.

결국 정서적인 거리감을 좁히려고 노력을 하더라도 욕구 파악이 안되면 더 멀어질 수 있습니다. 현재 우리 아이는 어떤 욕구를 더 보이나요? 안기고 관심 보여주기를 바라나요? 아니면 '간섭 좀 그만하세요. 엄마 아빠 마음만 있나요?' 라고 독립을 외치고 있나요? 이러한 파악이 되어야 정서적인 거리감을 효율적으로 좁힐 수 있습니다.

상대방의 욕구를 효율적으로 파악하는 데 고려되어야 할 것 중 하나는 아이의 기질이 어떤가를 보는 것입니다. 아이가 활동적인지, 섬세한지, 언어적인 표현이 많은지, 감정 표현이 풍부한지 등을 파악하면 아이가 어떻게 해주면 감동을 할 수 있는지를 알 수 있습니다. 아이가 엄마 아빠와 신나게 뛰어놀기를 원하면 같이 나가서 놀아줬을 때 감동합니다. 아이가 예쁘고 정성이 담긴 것을 즐기면, 선물을 주더라도 포장을 예쁘게 하고 편지글도 써서 주면 더 감동하겠지요. 언어적 표현을 즐기는 아이는 말을 잘 들어주면 감동을 합니다. 주의할 것은 이러한 감동이 일회성이 되면 절대 안 된다는 점입니다. 지속적으로 반복해서 자주 자주 아이를 감동시켜야만 거리감이 줄어들 수 있습니다.

*2** 야단을 치는 이유를 생각해보자

아이를 감동시키는 상황이 잦아지고 아이와 많이 가까워졌다고 여긴다면 이제는 야단도 조금씩 쳐도 되겠지요. 그러나 야단도 제대로 치지 못하면 좋은 관계를 망가뜨릴 수 있습니다. 그래서 야단을 어떤 식으로 적절하게 사용할 것인가를 고민해봐야 합니다. 정서적인 거리감이 있다면 야단치는 것도 생각을 해봐야 합니다. 자칫 잘못하면 '다른 것은 못해도 야단은 친다'는 상황만 남게 될 수 있습니다. 만약 야단을 치고서도 아이가 반복적으로 행동을 지속한다면 정서적인 거리감이 있다는 표현이기에, 야단보다 우선 관계 회복에 초점을 둬야 한다는 것입니다.

정서적인 바탕이 되어 있을 때 야단을 치면 이것이 아이의 행동을 다듬어줄 수 있지만, 정서적인 바탕이 되어 있지 않을 때는 아이의 마음을 깎아내리는 상처가 되는 것입니다. 그렇기 때문에 이러한 것을 생각해보고 어느 정도 노력이 바탕이 되고 나서 야단을 사용해야 합니다. 그렇지 않으면 입만 아픕니다. 야단칠 자격이 있는지를 굳이 따지는 것은 무의미하겠지만, 야단을 쳐야 한다면 야단을 치기 전에 아이와 나 사이가 야단이 수용될 만한 사이인지를 먼저 점검해

보세요. 아이와 나와의 관계가 야단을 칠 수 있을 만큼 원만한 관계입니까?

　또한 야단을 치기 전 먼저 생각해봐야 할 것이 하나 있습니다. 야단의 목적이 무엇입니까? 야단의 목적은 내 감정을 푸는 것이 아니며 아이를 벌주기 위한 것이 아니지 않습니까? 야단의 목적은 행동이 달라지기를 바라는 것이겠지요. 그렇다면 야단이라는 것이 꼭 화를 내고 눈을 부라릴 필요는 없습니다. 행동이 바뀌기를 원해서 하는 것이라면 야단이 아니라 다른 여러 가지 방법도 있을 수 있습니다. 상담하다 보면 많이 듣는 질문 중 하나가 '애가 자기 고집을 피우는데 야단을 쳐야 하나요. 아니면 그냥 넘어갈까요?' 라는 식의 질문들입니다. 야단이 아니면 그냥 넘기자는 것 자체가 벌써 '야단' 이라는 것에 대해 오해하고 있는 것입니다. 화를 내지 않고 아이에게 행동을 타이르거나 지적을 하면 '잘못하고 있다' 고 주변에서 지적들을 합니다. 왜 야단을 안 치냐면서 말입니다. 따끔하게 야단치는 것만이 능사일까요? 많은 부모들에게 '야단을 칠까요' 의 의미는 '화를 낼까요? 말까요?' 의 의미에 더 가깝다고 봅니다. 우리는 '뭔가 무섭게, 때론 따끔하게 야단' 을 맞고 자랐기 때문에 이 방법을 최선으로 알고 있는 것이죠.

　그러나 벌 때문에 안 하는 것보다 '이런 행동을 하면 안 된다' 고 스스로 느껴서 행동이 바뀌기를 바란다면, 야단이 아닌 또 다른 여러 가지 방법들을 생각해봐야 합니다. 화를 내어야만 아이의 행동이 바뀌는 것은 절대 아닙니다. 아이가 화를 내어야만 말을 듣습니까? 이것은 화가 아이의 행동을 통제하기보다는 그 상황에서 부정적인 관심이라도 받아보려는 아이의 눈물겨운 태도일 수 있습니다. 그렇기 때문에 잘못된 행동을 짧게 지적한 뒤 고쳤으면 좋겠다고 부탁하는 것이 필요합니다. 옷을 아무데나 놓고 다니는 진호에게 부모는 '왜 옷을 제자리에 놓지 않느냐'고 화를 냅니다. 그러면 이것보다 좀더 적절한 방법은 무엇일까요? '진호야, 옷 좀 제자리 갖다 놔줄래?' 라고 말하는 것입니다. 이것을 20번 이상 한다는 생각으로 하라는 것입니다.

물론 이렇게 한다고 잘못된 행동이 금세 달라지지는 않습니다. 인내를 가지고 계속하는 것이 필요합니다. 매번 같은 어투와 같은 말로 '옷 좀 제자리 갖다 놔줘' 라고 말입니다. 이것은 잘못된 행동을 금세 바로잡는 게 목적이 아니라 '부모의 관심과 인내를 아이에게 보여주고, 인격적으로 대하는 부모의 모습을 아이 마음속에 각인 시키는 것' 이 더 큰 목적이기 때문입니다. 그래서 아이의 행동 변화는 시간이 걸릴 수 있습니다. 그렇지만 부모의 관심과 인내를 느끼면 아이-부모간의 정서적인 거리감이 줄어들 것이고 행동은 조금씩 변하게 됩니다.

아마 부모도 야단을 쳐야 말을 듣는 아이보다는 그냥 말을 해도 말이 통하는 아이를 원할 것입니다. 그렇다면 야단은 행동을 바꾸는 데 필수적인 것이 아니라 그냥 하나의 방법일 뿐입니다. 부모가 감정적으로 통제하지 못해서 '화를 내며 야단을 치는' 방법이라는 것입니다.

그리고 아이의 행동이 마음에 안 들고 몸이 피곤하다고 해서 짜증이나 신경질적인 태도를 보이지 않도록 하는 것이 중요합니다. 짜증이나 신경질은 야단의 수준이 절대 아닙니다. 부모는 어린 아이가 아니고 어른이기 때문에 짜증이나 신경질적 반응보다는 적절한 야단을 치려고 노력하는 것이 중요합니다. 맞벌이 부모들은 할일이 많기 때문에 몸이 피곤하고 짜증이 더 날 수 있습니다. 짜증이나 신경질을 아예 느끼지 말라는 말이 아닙니다. 내가 피곤해서 짜증이 난다면 아이에게 '엄마아빠가 몸이 피곤해서 짜증이 나려고 한다' 라고 먼저 이야기하는 것이 필요합니다. 그리고 아이의 행동에 짜증을 얹지 마십시오. 아이의 행동과 내 몸의 컨디션을 구분하려고 노력하십시오. 내 몸 컨디션에 따라 심각도가 달라진다면 스스로 '내 몸 상태의 문제인지 아이의 행동 문제인지를 구분하는 것' 이 매우 중요합니다. 그리고 아이에게 내 상태를 표현하십시오. 때론 아이가 어리다면 주변의 도움을 구하는 것도 필요하고 그렇게 되지 않는다면 약간의 의도적인 휴식을 만들어서라도 5분이라도 잠시 누워서 힘든 부분을 누그러뜨리려고 노력하십시오.

아무리 잘하려고 해도 잘 안됩니까? 그럼 어떻게 아이의 행동을 고칠까를 고민하기 전에 앞서 말한 대로 아이를 감동시키십시오. 그러면 행동 수정을 위한 스티커를 사용하거나 벌생각하는 의자 앉히기, 좋아하는 것 못하게 하기 등이라는 방법을 굳이 쓰지 않아도 자연스럽게 야단칠 일이 줄어들고 좀 더 바람직한 행동들을 하게 됩니다. 여기서 행동 수정에 대한 언급을 하지 않는 이유가 있습니다. 많은 부모들, 그 중에서도 맞벌이 부부를 상담하다 보면, 행동 수정의 방법을 부모가 사용할 때 실수를 범하곤 합니다. 바쁘니까 관계 개선을 위한 노력보다 행동 수정만을 하려 하기 때문에 오히려 문제가 발생하는 경우들이 많이 있더군요. 아이와의 관계가 더 우선시 되어야만 하는데 아이를 통제할 수 있는 방법을 몰라서 아이에게 문제가 생긴 것처럼 여기게 되어, 아이를 더 옥죄는 꼴이 되더라는 것입니다. '보상을 제시했는데도 아이가 행동의 개선 기미가 안보이면' 야단을 심하게 치게 되는 경우가 허다했다는 것입니다.

★3★★ 아이의 행동을 고치는 방법을 익혀라

그렇게 어느 정도 아이와의 관계를 회복하고 좋은 관계를 유지하고 있다면, 고쳤으면 하는 행동 한 가지 정도만 수정하기 위해서 접근하는 것이 좋습니다. 예를 들어 '숙제를 해놓았으면 하는 바람'이 있다면, 아이와 이 부분에 대해 같이 대화하여 동의 상황을 이끌어

냅니다. 여기서 동의에 포함되어야 할 것이 '숙제의 분량, 언제까지, 과목, 숙제를 해놓았을 때 주어지는 보상' 등이 있습니다. 이것은 부모의 일방적인 결정이 아닌 같이 결정해야 할 문제입니다. 때론 고쳤으면 하는 행동들을 아이가 정하게 하는 것도 하나의 방법이겠지요. 그래야만 아이가 좀 더 능동적으로 행동을 개선하려고 할 것이고 아이의 의지를 끌어낼 수 있습니다.

여기서 중요한 것은 행동 수정을 하는 것은 '이것을 못하거나 안 하면 벌을 주기 위해서' 하는 것이 아니라 오로지 행동을 바꾸기 위해서 한다는 것입니다. 따라서 아래의 다섯 가지 원칙을 꼭 기억해야 합니다.

첫째, 고칠 것 한 가지씩만 정하기

둘째, 기간은 너무 길지 않게, 도달할 수 있는 수준에서 시작하기

셋째, 처음엔 벌을 주려하기보다 도달할 수 있도록 부모가 적극적으로 도와주기

넷째, 보상을 정하되 아이가 원하는 것으로 보상하기

다섯째, 잘하나 못하나 평가를 하기보다 노력하려는 모습에 칭찬해주기

수지네 집의 예를 들어 보겠습니다. 처음에 수지는 아침부터 야단

을 맞는 아이였습니다. 바쁜 시간에 학교 갈 준비를 제대로 하지 않고 꾸물거려서 꼭 화를 내야만 그다음 행동을 했습니다. '일어나라'고 소리를 질러야 일어나고, '들어가서 세수해라' 라고 야단을 쳐야만 욕실에 가고, 들어가서는 뭉그적거리는 바람에 '빨리 나와서 밥먹으라' 라고 해야 겨우 나옵니다. '옷 입어라, 가방은 챙겼냐' 등의 잔소리와 야단으로 집안이 항상 시끄러웠습니다. 뿐만 아니라 오후에는 숙제를 제대로 하지 않고 TV를 보며 놀기만 해서 저녁에는 아무것도 해놓지 않았다고 야단을 맞았지요. 그리고 잘 때는 자지 않고 들락날락거리고 이것저것 참견이 많아서 야단을 맞았습니다.

수지 부모는 야단을 치면서도 이게 잘하는 일인가 싶기도 하고, 때론 심하게 야단을 치지 않아서 그런가 싶기도 했습니다. 그러다가 부모가 속이 터져서 상담을 하게 되었지요. 상담을 하면서 수지 부모는 수지와 사이에서 정서적인 거리감을 발견하게 되었습니다. 그래서 작전을 바꾸었지요.

우선 수지를 야단치기보다는 '어떻게 하면 기분 좋게 만들어줄수 있을까?' 라고 고민을 했습니다. 수지를 감동시키는 방법은 저녁에 엄마가 재워주는 것과 아침에 기분 좋게 일어나게 만드는 것이었습니다. 이것은 부모에게는 도를 닦는 상황이었죠. 너무 속이 터졌지만, '아직은 내 말이 아이 마음속에 전달이 안 되니까 기다리자'라는 식으로 마음을 다스렸습니다. 엄마, 아빠가 조금씩 변하기 시작하면서 수지는 아침에 행동을 조금 빨리 하게 되었습니다. 그러면서 야단도 조금씩 줄어들기 시작했습니다. 그리고 토요일마다 수지가 좋아하는 놀이 공원에 가서 놀고 수지가 좋아하는 음식으로 외식도 했습니다. 틈만 나면 수지가 듣고 싶어 하는 '사랑해' 라는 소리를 하고 저녁 시간에 숙제할 때는 야단을 덜 치려고 노력했습니다. 속을 다스려가면서 말입니다. 몇 개월이 흐른 후에 그동안 잘 되지 않았던 '스스로 가방 챙기기'를 가지고 이야기를 하여 고치기로 의견을 모았습니다. 일주일 동안 수지가 가방을 잘 챙기면 수지가 원하는 작은 인형을 사주기로 했습니다. 일주일 동안 수지는 잘 하려고 노력은 했지만 하루 정도는 제대로 안 되는 날이 있었지요. 그래서 고민을 하다가 하루를 더 늘려서 7일을 채우고 인형을 사주었습니다. 그와 더불어 일주일 동안 하려고 했던 수지의 행동에 대해 틈틈이 칭찬했습니다. 그 다음 주는 다행히 7일을 채워서 수지가 원하는 것들을 해줄 수 있었습니다. 틈틈이 수지의 행동에 대해 칭찬과 격려를 하면서 자연스럽게 수지가 보상이 없이도 할 수 있는 상황이 되었습니다. 수지도 스스로를 대견해하면서 말입니다. 그래서 그 다음에 무엇을 고칠까를 서로 고민하는 즐거운 상황이 되었습니다.

사실 행동 수정이 이렇게 자연스럽게 흘러갈 수 있었던 것은 수지와의 관계 형성을 위한 노력이 있었기에 가능했습니다. 만약 관계를 회복하기 전에 행동을 고치려 했다면, 수지가 처음부터 잘 따라주기도 힘들었을 테고, 이를 본 부모는 화를 내며 더욱 야단을 치다가 관계는 더욱 악화되었을 것입니다.

다섯 번째 수업

다른 사람들이 파악한 아이의
상태에 귀 기울여라

열길 우물 속은 알아도 사람 속은 모른다고 합니다. 때론 자기 자식을 아무리 믿고 싶어도 바깥에 나가서 어떻게 행동할지 모르기 때문에 자신 있게 '우리 아이는 괜찮아'라고 말하기도 쉽지 않습니다. 물론 집 안에서든 집 밖에서든 잘 지내는 아이들도 많지만 내 아이가 내 눈앞에서 반듯하고 잘 지낸다고 바깥에서 잘 지낸다고 볼 수는 없지요. 맞벌이 부모는 아이를 파악할 시간이 절대적으로 적습니다. 그러다 보니 아이를 봐도 일부분만 보게 되고 그 일부분을 전체로 해석을 하기 쉽지요. 아이를 제대로 파악을 하지 못하게 되고 어떤 경우는 전혀 예상하지 못한 일들을 경험하여 허탈해지고 당황하는 경우도 많습니다.

내 눈앞에서 잘 지낸다고 항상 잘 지내는 것은 아니다

물론 부모는 내 자식이니까 좀 더 믿고 싶어 하는 마음이 크지요. 그래서 내 눈앞에서 잘 지낸다고 항상 잘 지내는 게 아니라는 말을 '내 아이를 믿지 말고 의심하라' 는 말로 오해하기도 하기도 하는데, 이것은 아이에게 내가 파악하지 못한 또 다른 모습이 있을 수 있다는 것을 마음에 두라는 말입니다.

호진이 부모는 학교에서 선생님으로부터 호출을 받았습니다. 무슨 일일까 싶어서 학교를 찾아갔는데 청천벽력 같은 소리를 들었습니다. 호진이가 친구들을 협박하고 물건을 뺏기도 하며 안 좋은 친

구들과 어울려 지낸다는 것이었습니다. 호진이 부모는 이 말을 믿을 수 없었습니다. 집에서는 얌전하게 잘 지내는 것 같았고 아무리 생각해도 나쁜 행동을 할 아이가 아니었습니다. 선생님의 호출 이전에 다른 부모들로부터 약간의 언질을 전해 들었지만 그 부모들이 너무 아이를 나쁘게 보는 것 같아 기분이 나쁘기만 했거든요. 선생님의 말을 듣고 집에 와서 호진이를 다그쳤는데 호진이는 절대 아니라고 하고, 믿는 도끼에 발등 찍힌 느낌이 들어서 너무 속이 상했습니다.

어떤 부모는 아이가 집에서 너무 반듯하고 깍듯해서 멋있는 아들이라는 생각을 많이 했답니다. 고집피우는 것도 없고, 부모를 배려하는 마음도 있어서 '우리가 맞벌이 하지만 이 아이는 잘 커줘서 고맙다' 라는 생각을 했는데, 나중에 알고 보니 멋있는 우리 아이가 친구들에게는 너무 함부로 한다는 것입니다. 이것 때문에 친구들에게 왕따를 당하구요.

때론 집에서 너무 활발해서 자신감 넘치는 아이라고 여겼는데, 바깥에 나가서는 자기 의사를 제대로 표현 못하는 수줍음 많은 아이라는 소리를 듣기도 합니다.

학교 담임선생님들이 곤란해하는 것 중에 하나가 아이의 문제에 대해서 부모에게 이야기하면 그것을 곡해해서 듣고 화를 내고 가는 부모들이랍니다. '혹시 선생님이 뭔가 바라는 것이 아닌가?' 아니면 '우리 아이를 잘 모르고 있는 것 아닌가?' 라고 생각하는 부모들이 힘듭답니다. 아이의 문제점을 지적하면 우리 아이 문제가 아니라 선생님이 뭔가를 바라고 그러는 거라고 생각하고 뭔가를 준비해가려고 하는 것이지요. 물론 여기엔 사회적인 불신의 분위기가 한몫하긴 했지만, 부모들이 내 아이 문제를 인정하는 것보다 다른 사람의 시각이 틀렸다고 하는 것이 마음 편하기 때문에 벌어지는 일이기도 합니다. 어떤 학부모를 면담할 때 '맞벌이를 하셔서 그런지 아이가 산만하니까 집에서 신경 좀 써주세요' 라는 선생님의 부탁에 '우리 애는 영재여서 그래요' 라고 해서 할 말이 없었다는 선생님의 이야기도 있었습니다.

이러한 사례들에서 볼 수 있는 것은 많은 부모들이 '아이에 대해 파악하는 것' 을 그렇게 중요하게 여기지 않는다는 것입니다. 시간이 없어서 그렇기도 하지만 파악해야 한다는 생각까지 미치지 못해서 그런 것 같습니다. 주변에서 그런 이야기를 꺼낼 때는 고민을 많이 하고 조심스레 이야기를 하는데, 부모 입장에서는 처음 듣는 이야기일 수 있고, 듣고 싶지 않은 이야기여서 꺼려하는 태도를 보일 수 있습니다. 이런 태도들은 다른 사람들로 하여금 아이에 대한 것들을 받아들이지 않는 부모로 인식하게 만들어서 '그 집 엄마 아빠는 이야기해도 안 듣는 사람이야, 해줄 필요가 없어. 말해주면 오히려 욕먹어' 라는 생각을 갖게 만듭니다. 그러다 보면 아이 문제는 더 심각해질 수도 있고 호미로 막을 수 있는 것을 가래로 막는 상황이 되기도 합니다.

우리 아이의 상태를 제대로 파악하는 법

★1★★ 네트워크 만들기

아이에 대한 정보를 얻기 위해서는 우선 부모가 주변 사람들과의 관계를 만들어놔야 합니다. 친한 친구의 부모, 학원 선생님, 학교 선생님 등 아이가 활동하는 곳에 있는 사람들과의 관계 형성이 중요하다는 것입니다. 아주 친하게 지내야 하는 것은 아니지만 내가 없는 상황에서 아이를 맡아주는, 만나는 사람들이 파악한 정보를 얻으려면 인사 정도는 하고 지내야겠지요. 네트워크 즉 인맥은 중요한 자산일 수 있습니다. 그냥 다른 사람들이 나를 끼어주기를 바라지 말고 우리 아이와 관련된 사람들에게 도움을 청하는 마음으로 인맥을 만드십시오. 새 학기가 시작이 되거나 새로운 사람들과의 만남이 있으면 항상 연락처나 도움에 대한 열린 마음을 보이라는 것입니다. 여기에 많은 맞벌이 부모들이 시간이 부족하다는 대답을 하곤 하지요. 그러나 가끔씩 전화해서 안부를 묻고 이메일 한통씩을 보내는 것은 하루 5분만으로도 충분합니다.

★2★★ 열린 마음

네트워크가 형성이 되면 그 사람들에게 아이에 대해 객관적인 상황을 듣고 싶어 한다는 것을 종종 표현할 필요가 있습니다. 학교 선생님을 직접 만나지 못한다면 쪽지나 이메일 등을 통해 궁금한 것들을 묻거나 들을 수 있는 태도를 보이십시오. 지나치게 자주 물어볼 필요는 없지만 정기적이 되면 좋겠지요. 이것은 곧 아이에 대한 관심의 표현입니다. 대신 아이가 '어떤지에 대한' 질문이 되어야지, 미리 아이에게 문제 행동이 있지 않을까 걱정하면서 질문을 던지는 것은 오히려 선입견을 줄 수 있습니다. 선생님이 파악하고 있는 정보를 얻으려고 하고, 때론 집에서 도움을 줄 수 있는 것들이 무엇인지 문의를 해보는 것도 좋은 태도라고 할 수 있습니다.

그리고 내가 듣고 싶어 하는 것만 들으려 하면 제대로 된 정보를 얻을 수 없습니다. 때론 내가 걱정하는 행동에 대해서도 들을 준비를 해야 하고, 마음은 아프지만 그것에 대해 고마워하고 수용하는 태도를 보이는 것이 필요합니다. 그래야만 다음에도 아이에 대한 정보들을 지속적으로 얻을 수 있습니다. 단, 주의할 것은 마음을 연다는 것을 잘못 오해하여 내 아이의 결점이나 단점들을 주변 사람들에게 자꾸 이야기하지 않도록 하는 것입니다. 내 아이의 잘못된 점이나 걱정되는 것을 자꾸 이야기하다 보면 다른 사람들이 내 아이를 너무 쉽게 생각할 수도 있고, 사소한 행동들도 걱정할 만한 행동으

로 부모에게 보고할 수 있기 때문에 하지 않아도 되는 걱정을 할 가
능성이 있기 때문입니다.

★3★★ 객관성 유지

모든 정보가 옳을 수는 없습니다. 그래서 걸러서 들어야 하는지
전체를 받아들여야 하는지를 제대로 파악해
야 합니다. 우선 내가 생각하고 있는
아이의 모습이 전체는 아니라는
것을 인정하십시오. 짧
은 시간에 보기 때
문에 파악하기도
힘들지만, 바깥의
상황과 또 부모와
의 관계 모습은 다

를 수 있습니다. 어떤 아이는 부모와의 상황에서 안정감을 느껴서
잘 지낼 수 있고 바깥에서는 이 안정감이 단단하지 못해서 불안할
수도 있습니다. 때론 안과 바깥이 같을 수도 물론 있겠지요. 바깥에
서는 잘 지내지만 집에서는 못 지낼 수 있습니다. 어떤 상황에서 어
떤 행동들을 보이는지 포괄적으로 파악하는 것이 필요합니다. 어떤
상황에서 문제가 있었고, 어떤 기질의 아이와는 사이가 좋고^{나쁘고}, 어

떤 상황에서 감정을 처리하지 못하는지 등을 파악하라는 것입니다. 경쟁 상황에서 발생하는지 아니면 자기보다 약한 아이^{강한 아이}와의 관계에서 일어나는지, 친구들의 농담을 놀림으로 받아들여서 생기는 문제인지 등을 파악하라는 것입니다. 그래야만 해결점 찾기가 쉬워집니다. 우리 아이의 문제가 아니라 그냥 흔히 있을 수 있는 문제이기도 하고, 어떤 때는 미리 조치를 취해야 하는 상황일 수 있습니다.

'우리 애는 괜찮은데 나쁜 친구를 만나서 문제 행동을 했다' 는 식의 태도는 금물입니다. 나쁜 친구에게 끌려 다니는 상황이 왜 우리 아이에게 일어났는지 등을 파악해보십시오. 어쩌면 심지가 굳지 못해 '힘이 있는 아이와 어울림을 통해 보상을 받을 수도 있고', '억지로 끌려 다니는 상황' 일 수도 있습니다. 아이가 그 상황에서 자신의 뭔가를 표현하고 있을 수 있기 때문에 남 탓만 하면 안 된다는 것입니다. 무조건 나쁜 아이를 못 만나게 해도 아이가 그런 아이들과의 관계에서 뭔가가 충족된다면 몰래 만날 수도 있습니다. 그때는 거짓말까지 하게 되는 결과를 초래하게 되겠지요.

어떤 부모는 '부모가 내 아이 편들어주지 누가 들어주겠냐' 면서 아이만 너무 감싸는 태도를 보이기도 합니다. 항상 우리 아이는 이해받아야 하고 상처받으면 안 된다는 식의 태도는 오히려 아이에게 부정적인 영향을 줄 수 있습니다. 친구들과의 관계에서 벌어지는 일에서는 아이를 보호할 수도 있겠지만, 오히려 다른 부모들이나 친구들이 기피하는 아이가 될 수도 있습니다.

그렇기 때문에 객관적인 태도를 가지려는 마음 자세가 매우 중요합니다. 그 다음에 정보를 주는 사람이 어떤 위치의 사람이며 어떤 성격의 사람인지를 파악하는 것도 필요합니다. 어떤 때는 정보를 주는 사람이 지나치게 예민해서 아이 문제를 심각하게 말을 할 수도 있고, 부모 자신의 성격에 따라서 받아들이는 크기도 다를 수 있습니다. '나는 남의 이야기를 얼마나 객관적으로 들으며 얼마나 냉정을 유지하는지'를 생각해봐야 한다는 것이지요. 남들은 '아'라고 이야기 했는데 부모의 성향에 따라서 '악'으로 들을 수 있습니다. 그래서 사소한 문제를 오히려 큰 문제로 만들 수 있습니다. 때론 속상해서 아이를 다그치고 야단치는 것으로 문제를 해결하려 할 수 있기 때문에, 종합적인 판단을 하는 것이 중요하다는 것입니다.

아이를 바꾸려 하지 말고 부모가 먼저 변해라

바깥에서의 정보들을 받아들였다면 문제의 원인들이 무엇인지를 찾아보십시오. 그것이 아이 자체의 문제인지 주변 환경의 문제인지를 파악하는 것입니다. 무조건 다른 사람들에게 도움을 구하는 태도는 문제를 해결하는 데 한계가 있습니다. 바깥에서 도와주는 것도 물론 필요하지만 근본적인 해결의 시작은 부모입니다.

집에서 잘 지내는 아이가 친구들에게 예의 없이 굴고 이것 때문에 왕따를 당한다고 여기면, 친구관계에서 어떻게 해야 할지를 아이에게 부탁하고 가르치기보다 '왜 이 아이가 부모에게는 잘 하는데 바깥에서 다를까?' 라는 질문을 스스로에게 던져보십시오. 부모가 너무 엄하면 부모가 보이지 않는 외부에서 자신의 욕구를 절제시키지 못할 수도 있습니다. 때론 내가 무엇을 채워주지 못해서 아이가 나쁜 친구들과 어울릴 수도 있습니다. 집에서 야단 많이 맞는 아이들일수록 바깥에서 산만하고 통제가 안되는 모습을 보일 수도 있습니다. 때론 주의력 자체에 문제가 있어서 그럴 수도 있구요.

문제 해결을 위한 노력의 시작점은 항상 부모에게서 비롯되어야 한다는 것을 꼭 명심하십시오. 그래야만 부모가 해줄 수 있는 부분을 찾을 수 있고, 아이가 행복하게 잘 자랄 수 있습니다.

완벽함을 요구하지 말자

　맞벌이 자체가 어쩌면 슈퍼맨이나 슈퍼우먼을 요구하는 것인지 모르겠습니다. 그만큼 시간적으로도 쫓기고 할 일도 많습니다. 게다가 아직도 직장일과 가사일, 자녀 양육 모두를 당연히 여성의 몫으로 여기는 분위기도 무시할 수 없습니다. 사람인지라 한계가 있는데도, 이런 요구를 자신에게 혹은 상대편에게 계속 하다 보면, 서로에게 스트레스를 일으키고 상처를 주기 쉽습니다. 그렇다면 어떤 사람들이 슈퍼맨 혹은 슈퍼우먼이 되고 싶어할까요?

만능이 되고 싶은 사람들

★1★★ 완벽하려는 사람

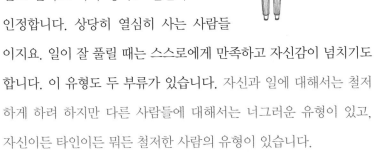

일이든 뭐든
완벽하고 깔끔하
게 해내려는 사람
이 있습니다. 그래서
시간 사용이나 일의 분배
를 알차게 하려고 최선을 다
합니다. 남들이 봤을 때는 직장
일도 잘하고 자녀 양육도 잘한다고
인정합니다. 상당히 열심히 사는 사람들
이지요. 일이 잘 풀릴 때는 스스로에게 만족하고 자신감이 넘치기도
합니다. 이 유형도 두 부류가 있습니다. 자신과 일에 대해서는 철저
하게 하려 하지만 다른 사람들에 대해서는 너그러운 유형이 있고,
자신이든 타인이든 뭐든 철저한 사람의 유형이 있습니다.

첫 번째 유형은 자신의 내적인 면에 철저하기 때문에 본인 스스로
스트레스를 받을지언정 타인들에게 스트레스를 주거나 완벽한 것을
요구하지는 않습니다. 그러나 두 번째 유형의 사람은 자신에게든 타
인에게든 요구 사항이 많고 자신이 의도한 대로 되기를 요구합니다.
이런 유형들은 '일 유형'이라 할 수 있지요. 인간관계 이외의 것들에
는 자신의 역량을 잘 드러낼 수 있습니다. 그러나 인간관계에서는
일만큼 제대로 돌아가지 않을 수 있습니다. 가족들이 이에 맞추지

않으니까요.

★2★★ 남 시선에 지나치게 신경 쓰는 사람

혹시 맞벌이 한다고 남들이 우리 아이들에게 뭐라고 하지 않을까? 살림 엉망이라고 말들이 생기지 않을까? 등에 신경이 쓰여서 일이든 살림이든 철저히 하려는 사람입니다. 이러한 사람은 기준 자체가 자신보다 다른 사람의 시선에 맞춰져 있기 때문에 주변에서 뭐라고 하는 것에 영향을 많이 받습니다. 주변의 말이 자신에 대한 잣대이기 때문입니다. 그래서 퇴근 후 혹은 일이 끝난 다음에 아이에게 오늘 있었던 일들에 대해 질문하면서 '다른 사람들이 너에게 뭐라고 하는지'를 질문하는 경우도 있습니다. 남들의 평가에 지나치게 민감하므로 아이가 남들에게 안 좋은 소리를 들으면 지나치게 감정적이 됩니다.

★3★★ 자신에 대한 기대가 높은 사람

스스로에 대한 기대치를 상당히 이상적인 곳에 두고 있는 사람입니다. 그래서 현실에 비추기보다 '이런 것이 좋다'는 이상적인 것에 현실을 끌어올리려 하지요. 그러다 보니 항상 자신은 부족한 사람이라는 느낌을 많이 갖습니다. 우리 가족이 부족하다고 여기고 매번 노력을 해야 한다고 생각하지요. 노력을 하면 될 것이라고 여기기 때문에 자신과 가족들을 어떤 목표를 향해 채찍질 합니다. 야단이든 잔소리든 뭐든지 사용하지요.

본인은 스스로 노력하면 될지 모르지만 사람마다 능력의 차이가 있습니다. 때론 성향이 달라서 노력해도 되지 않고, 때론 분위기가 안 되어서 노력을 못할 수도 있습니다.

★4★★ 걱정이 많은 사람

걱정이 많은 사람이 무슨 슈퍼맨^{우먼}이 되려고 하냐구요? 걱정이 많은 사람은 행동을 슈퍼맨^{우먼}처럼 하지는 않지만 생각은 매번 앞서 나갑니다. 자신의 부족함을 생각하면서 '이렇게 하면 큰일인데…', '아이에게 안 좋을 텐데…' 라는 생각을 하면서 슈퍼맨^{우먼}이 되고 싶어합니다. 그러나 소망만 있고 행동은 없지요.

★5★★ 슈퍼맨^{우먼} 요구형

자신은 하지 않으면서 배우자에게 슈퍼맨^{우먼}이 되기를 요구하는 유형입니다. 자신이 편하기 위해서 배우자에게 요구하기도 하고, 남편이 반대하는 직장을 부인이 원해서 다니는 경우에는 보란 듯이 과도한 요구를 하지요.

첫 번째 요구형은 자신에게 가사일이나 아이 양육이 넘어오지 않기를 바라는 마음이 크고, 배우자 선에서 끝내기를 원합니다. 아이를 보라고 할까봐 눈치를 살피고, 자꾸 다른 맞벌이 가정이나 맞벌이를 하지 않는 집들과 비교하면서 그 집은 좋겠다는 식으로 상대편에게 부담만 주는 형이지요. 엄마는 아빠가 많이 해주길 요구하고 아빠는 엄마가 많이 해주길 요구합니다. 그런데 사실은 자신은 발을 빼고 싶어 합니다. 직장에서 힘들었다는 이유로 말입니다.

때론 부인이 본인이 원해서 직장생활하는 경우는 각서 수준의 요구를 받습니다. 직장을 다니더라도 가정일이나 아이들에게 피해를 주지 않아야 한다는 것이지요. 그래서 양육부담을 무슨 벌을 주듯이 요구합니다. 그런데 본인은 전혀 도울 의사가 없다는 것이 문제이지요. 부모 역할을 서로 어떻게 잘 해나갈 것인가를 고민해야 하는데 자신은 전혀 역할을 하지 않고 각서를 제대로 수행하는지 지켜보는 유형입니다. 사실 가정 일에 전혀 피해를 주지 않고 할 수 있는 직장 일은 없기 때문에 육아라는 형태로 가혹한 벌을 내리는 것이지요.

완벽함이 잔소리를 낳는다

성격 자체가 완벽한 것을 원하는 사람은 열심히 생활하기 때문에 일이나 집안일청소나 식사 등은 아주 잘 처리를 합니다. 직장 다니면서도 아이를 잘 챙겨 먹이고 집안정리를 잘하곤 하지요. 그런데 문제는 이것을 곧 아이에게 모든 것을 해준 것으로 여기기 쉽다는 것입니다. 왜냐하면 청소나 식사를 준비하고 식구들에게 제공하는 것은 무척이나 힘들고 시간이 많이 걸리기 때문이지요. 그래서 보람도 있고 뿌듯하기도 합니다. 하지만 이것이 아이의 양육에 일정 부분 필요하고 중요한 것이긴 해도, 맞벌이 가정에서 더 필요한 부분들, 정서적인 것을 채우는 작업에 덜 민감할 수 있습니다. 실제로 먹이고 청소하고 집을 깨끗하게 하느라 아이의 요구에 반응할 시간이 없어서 문제가 생겨 상담을 찾는 경우들을 종종 봅니다.

그리고 슈퍼맨^{우먼}이 되기를 원하는 사람들 중에는 자신뿐 아니라 우리 가정이 궤도에 잘 맞춰져서 자신이 원하는 형태대로 돌아가기를 원하는 경우가 많습니다. 부모가 직장에 있거나 일을 하는 시간에 아이는 자기 일을 해놓고, 부모가 오면 또 다른 일들을 할 수 있는 준비를 해놓기를 바랍니다. 그런데 문제는 이러한 것들이 부모가 정해놓은 궤도대로 돌아가기가 쉽지 않다는 데 있습니다. 아이인데 부모가 없는 시간에 어떻게 자기 관리를 철저하게 잘 할 수 있겠습니까? 그런데도 부모는 아이도 가사일이나 직장 일처럼 잘 처리되기를 바라다 보니 이러한 상황을 이해하기보다 야단치게 되고 잔소리하게 되고 지시적이 되고 통제하게 됩니다. 이러한 상황에서 아이들은 무척이나 답답하고 숨이 막히겠지요. 우리가 숨을 제대로 쉬지 못하면 뇌에 산소 공급이 되지 않아서 신체에 여러 가지 문제가 생기는 것처럼 아이의 정서에도 뭔가 원활하게 돌아가지 않는 현상아이들의 행동으로 인한 걱정꺼리나 문제 행동 등에 직면하게 됩니다.

이런 완벽하고자 하는 유형들은 자신이 맡은 일이나 가사 일들은 아주 잘 처리를 합니다. 그런데 사람과의 관계에서는 가족이배우자, 아이들 내 마음대로 되지 않는 경우가 많아서 본인이나 가족이 스트레스를 받을 수 있습니다. 이러한 스트레스를 남 탓으로 돌리게 되면 문제 해결을 하기보다 문제를 더 악화시킵니다.

뿐만 아니라 남의 이목을 신경 쓰다 보면 자신의 이미지를 위해서 틀에 제대로 들어오지 않는 아이들을 통제하는 상황이 자주 발생하게 됩니다. 이러한 것들이 나의 결점이 되어서 속상하게 되므로, 화가 나서 아이를 야단치게 되는 악순환이 반복됩니다. 때론 '나는 왜 못할까?' 하는 자책을 하다가 우울해지고, 속상해서 생기는 이러한 자책이 아이들에게 원치 않는 화로 드러나기도 합니다. 그래서 아이들을 무섭게 다루기도 하고 감정의 폭발들이 드러나기도 합니다.

때론 자신은 하지 않으면서 배우자에게 나 대신 좀 해줬으면 하는 기대를 하는 가정들을 많이 봅니다. 일하고 서로가 피곤한데도 서로에게 미루는 것이지요. 그러면 아이는 공도 아닌데 여기저기 밀려다 닙니다. 그 가운데 아이는 서운해서 울게 되고 속상해서 부부싸움을 하기도 하고 상대편을 비난합니다.

슈퍼맨^{우먼}이 되고 싶은 생각은 있는데 그러지 못하여 걱정만 하고 있는 사람들도 많이 봅니다. 맞벌이 가정의 아이들에게 어떤 문제들이 생길 것이라는 것을 머릿속에 다 꿰고 있지요. 그런데 걱정을 하기만 하고, 걱정을 어디다 던지고 어떻게 해야 할지에 대해서 전혀 행동을 하지는 않습니다. 어떤 맞벌이 부모들은 방법은 알고 있으면서도 하지는 않습니다. 그러니 매일 매일 걱정이 쌓여서 늘어만 가지요. 그래서 걱정꺼리가 더 생길 수밖에 없습니다. 이러한 걱정들은 단순히 혼자서 걱정만 하는 것으로 되지 않습니다. 걱정은 불안을 낳고 불안은 짜증이나 화를 유발시킵니다. 그래서 아이를 편안하게 양육하지 못하고 안절부절하게 되고 일관성 없이 야단쳤다가 금세 안쓰럽고 미안한 마음을 가지는 등의 행동을 반복합니다.

이러한 집의 아이들을 보면 지나치게 통제를 받아서 주눅이 들거나 속에 분노를 억제하고 있는 경우를 종종 봅니다. 그리고 틀에서 벗어나면 아이들 역시 불안해하고 때론 융통성이 없는 모습들을 보이기도 하지요. 숙제는 하기 싫은데 숙제를 하지 않으면 내일 학교 가는 것이 겁이 나고, 그래서 숙제를 하기보다 울고 짜증 부리는 태도를 보이기도 합니다.

아이는 능력 있는 부모보다 따뜻한 부모를 원한다

그럼 어떻게 하는 것이 좋을까요? 생각을 접으십시오. 안 되는 것은 오히려 접는 것이 서로를 위해 좋습니다. 절대 슈퍼맨^{우먼}은 될 수 없습니다. 일에 대해서는 가능하지만 사람과의 관계에서는 타인을 내 마음대로 조정할 수 없기 때문입니다. 그렇기 때문에 애초에 '되지 않을 일은 기대하지 않는 것'이 좋습니다. 기대는 실망을 낳고 실망은 화를 가져오고 좌절감을 줍니다.

슈퍼맨^{우먼}을 기대하는 사람은 자신이든 가족들에게 완벽을 요구합니다. 그런데 절대로 다른 사람은 내 틀 안에서 내가 요구하는 대로 되지 않습니다. 만약 그렇게 된다면 자녀는 로봇이거나 수동적인 사람이겠지요. 수동적인 사람은 남의 말만 듣고 지시받지 않으면 하지 못합니다. 이런 아이는 창의적이 되기 힘들지요. 정말 수동적이고 말 잘 듣는 아이를 원하십니까? 아니면 창의적인 아이를 원하십니까? 정말 아이가 인간적이고 따뜻한 마음을 가지며 적극적이고 창의적이길 원한다면, 맞벌이를 하면서 동시에 모든 것을 다 할 수 있다는 생각을 접어야 합니다.

아이와의 관계에서는 매번 최선을 다하는 것이 필요하지, 완벽하게 해내는 것이 중요한 게 아닙니다. 최선을 다해서 음식을 만드는 대신, 아이와 시간을 같이 하는 데에 열정을 내십시오. 그리고 본인이 하지도 않으면서 배우자에게 슈퍼맨^{우먼}이 되기를 요구하지 마십시오. 그것은 자기기만입니다. 자기가 하지 않는다면 요구할 자격도 없다고 생각하십시오. 정말 내가 하기 힘들다면 상대편도 힘든 것입니다. 다른 가정들의 배우자들과 비교해서 나아질 수 있다면 비교를 계속하십시오. 그러나 비교해서 얻어지는 것은 상대방의 불평과 미움뿐입니다. 그렇기 때문에 내가 하면서 상대편이 힘들겠다는 것을 인정하는 것이 시작입니다.

슈퍼맨^{우먼}은 때론 내용이 알차기를 원합니다. 그러다 보니 아이와의 시간이 언제나 교육적이길 바라지요. 그래서 학습적인 것도 내가 하는 것이 아이에게 도움이 되고 내가 학습적인 상황을 알아야 한다고 여기지요. 그런데 직장일과 가사일, 아이와 놀아주는 일, 학습까지, 이 모든 것을 하기엔 시간이 부족합니다. 할 수 없다는 것입니다. 그래서 모든 것을 완벽하게 할 수 없기 때문에 다른 사람들의 도움을 받는 것이 필요합니다. 때론 학습과 관련되어 다른 사람들의 도움을 받거나, 식사나 가사일에 일정 부분 다른 사람들의 도움을 편안하게 받아들여야 합니다. 대신 지나치게 남에게 의존하지 않으면 됩니다. 자신이 시간적으로 할 수 있는 영역들에 대해서 만큼만 하는 것입니다.

그리고 이러한 것들에 죄책감들을 가질 필요가 없습니다. 사람은 누구나 다 못하는 것이 있기 마련인데, 어떻게 여러 가지 역할들을 동시에 할 수 있습니까? 맞벌이 부모라는 역할에서는 다른 어떤 것보다 부모의 역할에 좀 더 초점을 두면 됩니다.

어떤 사람들은 주위 사람들의 대소사까지 본인이 다 해결하려 하는데 이런 것 역시 일정 부분 놓을 필요가 있습니다. 이러한 것들은 자신의 이미지 관리에는 좋지만, 다른 사람 특히 아이들을 방치할 수밖에 없는 상황이 종종 벌어지게 만듭니다. 다른 사람들은 아이들을 책임져주지 않기 때문에 남의 이목에 대해 냉정하고 신중할 필요가 있다는 것입니다. 좋은 며느리가 되려고 바쁜 가운데도 매주 양가 부모 집에 가려고 하다 보면 아이의 욕구를 채울 기회들이 줄기도 합니다. 여기 저기 집안 행사나 일들에 치이다 보면 '우리 식구끼리' 뭔가를 해본 적이 까마득해지고, 때론 우리끼리 뭔가를 하는 것이 어색하게 느껴지기도 합니다. 이것은 곧 자녀에게 부모로서 최소한의 울타리 역할을 해주는 면을 하지 않고 바깥에만 충실했기 때문입니다. 우리 아이가 욕구를 채우지 못해서 문제가 생기면 남들이 얼마나 적극적으로 해결해주려 할까요? 우리 집을 챙기면서도 남을 돌아보는 지혜로운 태도가 필요하다는 것입니다.

아이들은 능력 있는 부모보다 자기에게 따뜻하고 관심을 가져주는 부모를 원합니다. 부모가 이것저것 다 잘하는 모습 속에 자녀가 소외된다면 오히려 그런 능력이 부정적으로 보일 수 있습니다. 회사에서는 능력 있는 사람이었다 하더라도 집안에서는 엄마 아빠여야 합니다. 자칫 잘못하면 집안에서 엄마 아빠의 모습은 어디 간 데 없고, '요리사' '가정부' '교사' 등등의 모습으로만 남을 수 있습니다. 자녀들은 부모의 능력 있는 모습을 기대하기보다 가슴 따뜻한 부모를 기대하고 있습니다.

혜진이 엄마는 누가 봐도 똑 소리 나도록 직장이든 집안일이든 잘했습니다. 많은 사람들의 부러움을 샀지요. 그런데 이러한 엄마의 완벽함에 비해 혜진이는 너무나 못 미쳤습니다. 스스로 하려는 것도 적었고 자신감도 없었지요. 친구관계에서도 수동적이었습니다. 그래서 자기주장을 제대로 하지 못하고 손해보는 일이 잦았습니다. 그래서 엄마는 혜진에게 '세상 일은 마음먹기 나름이야. 자신감을 가지고 친구들에게도 네 생각을 이야기 해봐' 라고 강조했습니다. 그러나 오히려 더 주눅이 들고 해결이 되지 않아서 상담을 하게 되었습니다. 상담을 하면서 혜진이의 이런 모습이 엄마의 완벽함에서 오는 결과라는 것을 알게 되었습니다. 그것을 아는 순간 혜진 엄마는 한동안 심한 좌절감을 겪었습니다. 이렇게 열심히 사는 것도 잘못이 되기도 하는구나 하는 생각에 도대체 어떻게 사는 것이 잘 사는 것인가? 라는 고민을 하게 되었지요. 그러다가 어느 순간에 나만이 아니라 아이도 잘 살 수 있는 것이 무엇일까를 생각하게 되었습니다. 그것은 나의 완벽함이 때론 타인아이의 부족함을 야기하고, 아이에게 거리감을 줄 수도 있다는 것을 깨닫게 되면서 가능했습니다. 그래서 집안일을 제대로 잘하는 것보다 아이와 먼저 시간을 보내기로 했습니다. 그러다 보니 집안일이 뒷전이 되고 그전보다 어수선하게 되었지만, 혜진이의 얼굴이 밝아지면서 혜진 엄마는 자신의 완벽함 슈퍼우먼의 생각과 행동들을 일부분 접게 되었습니다.

혜진 엄마는 '나 자신이 일부분 허술해지고 빈자리가 생기는 것이 아이의 내적인 알맹이를 채우는 것임을 알게 되면서 변화 자체가 힘들지 않았다' 는 말을 했습니다. 정말 엄마라는 존재, 부모라는 존재이기 때문에 이런 변화가 가능한 것 같습니다.

부부관계를 돈독히 하라

어느 가정이든 부부관계는 가정의 기초가 됩니다. 특히 맞벌이 가정에서는 부부관계가 더 중요하다고 하겠습니다. 부부가 손발이 맞지 않으면 성공적인 맞벌이를 할 수 없습니다. 특히나 자녀 양육에 대해서는 더 그렇습니다. 부부관계와 부모-자녀관계마저 톱니바퀴처럼 유기적으로 연결이 되어 있어서 서로에게 영향을 줍니다. 부모-자녀관계에서 어려움이 있을 경우에 좋았던 부부관계가 멀어지는 경우도 많습니다.

그런 의미에서 부부 문제와 부모-아이 문제는 직결되어 있습니다. 물론 아이에게 영향을 주지 않으려고 노력하는 부부들도 있지만, 이것은 부부 문제에서 드러나는 화를 아이에게 표현하지 않으려고 노력하는 것이므로, 부부 문제가 아이에게 영향을 주지 않는다고 할 수는 없습니다. 부부 문제로 인한 감정을 즉각적으로 아이에게 드러내지 않는다 하더라도 엄마, 아빠, 아이 개개인 간의 관계뿐 아니라 부부의 살아가는 모습들을 통해서 아이는 사람들에 대한 관점들을 형성해나가며 가정 상^{이미지}을 형성해나가기 때문입니다.

맞벌이로 인해 아이와 부모가 함께 할 시간이 부족한 상황에서 부부관계까지 문제가 있다면 이것은 위기 상황일 수 있습니다. 시간이 부족한 상황을 그나마 보완해주는 가장 기본적인 것이 부부관계이기 때문입니다. 맞벌이 가정에서 부부관계가 중요한 이유는 어떤 것들이 있을까요?

부부 문제는 곧 아이 문제

★1★★ 부탁이 아닌 명령을 하기 쉽다

관계가 좋을 때는 부탁을 하기가 편합니다. 그런데 부부관계에 찬바람이 불면 부탁하기도 힘들 뿐 아니라 상대방의 부탁을 의도적으로 거부하기도 합니다. 부인이 '오늘 저녁에 내가 퇴근 시간이 늦으니까 당신이 일찍 와서 애 좀 챙겨줘'라고 하면 남편은 괜히 늦게 들어갈 구실을 만들어서 애 봐주는 집에서 부인에게 전화가 옵니다. '내가 집안일 할 동안 애랑 좀 놀아줘'라고 하면 애를 옆에 두고 TV만 보는 비교육적인 태도를 보여 부탁한 사람이 화를 낼 수밖에 없

는 상황이 생기기도 합니다.

부탁을 할 때도 부탁 수준이 아닌 '통고' 수준으로 퉁명스럽게 말을 던질 수도 있고 상대편은 그 말에 기분 나쁘다며 서로 다투는 상황이 생깁니다.

★2★★ 자꾸만 외면하게 된다

부부관계의 힘든 것들을 다른 식으로 표현합니다. 부부관계에서 껄끄러운 감정들을 직접적으로 표현하는 부부는 건설적입니다. 하지만 껄끄러운 감정들을 다른 것으로 투사해서 표현하는 경우가 허다합니다. 서로가 보란 듯이 집안일을 소홀히 하는 것으로 좋지 않은 감정을 표현하기도 하고, 직장일이 엄청나게 바쁜 것처럼 늦게 귀가할 수도 있습니다. 그래서 아이들이 엄마나 아빠 얼굴을 보는 시간이 아주 적게 되지요. 아이를 생각하는 쪽^{대체로 엄마인 경우가 많지요}에서는 아이들에게 신경을 쓰긴 하지만 이런 관계에서 느끼는 부담은 배로 느껴집니다. 혼자서 감당해야 하기 때문에, 육아가 행복이 아닌 의무감 때문에 하는 아주 힘들고 하기 싫은 일이 되어버리지요.

★3★★ 교육관의 차이를 극복하지 못한다

서로가 자라온 환경이 다르기 때문에 자녀를 키우는 데 교육관이 저마다 차이가 있습니다. 그런데 이러한 교육관이 서로 다른 것을 조율하지 않으면 아이는 무척 혼란스러울 수 있습니다. 엄마는 되는데 아빠는 안 된다고 하면 아이는 어떻게 해야 할지 모릅니다. 관계가 좋아도 교육관이 다를 때는 조율하기가 쉽지 않은데 문제가 있는 관계라면 조율이 되기는커녕 자기가 생각하는 것이 맞다고 서로 고집을 피울 수 있습니다. 그러면 아이를 보호하는 쪽과 그렇지 않은 쪽이 생기게 되고 편이 나누어지게 되지요. 아이는 자기를 보호^{때론 유리한} 쪽하는 쪽으로 기울게 되고 그렇지 않은 부모에게는 무조건 안 좋은 감정을 가질 수 있습니다.

★4★★ 아이를 감정의 심부름꾼으로 만든다

부부간에 문제가 생기면 서로 직접적인 의사소통을 하지 않으려 합니다. 대신 사소한 모든 것들을 아이를 통해서 전달합니다. '아빠

한테 와서 식사 하시라고 해라', '엄마한테 셔츠 어디 있는지 물어봐
라' 는 등 아이가 심부름꾼이 되기도 합니다.

뿐만 아니라 부부 각자의 감정을 아이를 통해서 전달합니다. 남편
들으라는 식으로 '누굴 닮아서 너는 이 모양이니?' 라고 야단을 치기
도 하고, 보통 때면 그냥 넘어가는 일도 '아이를 심하게 다그쳐서'
부인에게 자신의 감정을 전하기도 합니다.

이런 상황을 지속적으로 경험하면 아이는 '내가 야단맞지 않아도
되는데 맞는다' 는 생각을 하게 되어서 행동의 잘못을 깨닫기보다 마
음속에 분노가 쌓일 수 있습니다. 또 어떤 아이들은 '내가 뭔가를 잘
못했기 때문에 엄마 아빠가 싸우는구나' 라고 생각하게 되어 지나치
게 죄책감을 느끼게 됩니다.

부모의 감정으로 아이에게 야단을 치게 되면, 아이 입장에서는 왜
야단맞아야 하는 지도 모른 채, 어떤 때는 야단맞고 어떤 때는 넘어
가는 상황들을 경험합니다. 이것은 자칫 아이로 하여금 행동 틀의
혼란을 줄 수 있습니다. 행동의 규범을 배우기보다는 눈치를 배우게
되겠지요. 이런 식의 감정의 심부름꾼, 감정의 통로가 되는 것은 아
이에게 심한 상처가 되기도 합니다. 자기와 상관없는 감정인데 부모
의 관계에서 비롯된 감정들을 맛보면서 괜한 죄책감과 분노를 느끼
기도 합니다. 아이는 스스로를 나쁜 아이로 여기게 되고 이는 자존
감에 큰 상처를 줍니다.

★5★★ 제대로 싸울 시간도 부족해진다

부부간에 싸움이 없는 집은 없을 것입니다. 그런데 맞벌이 부부의 경우 제대로 싸울 시간도 적고 뒤풀이 할 시간도 적습니다. 대신에 감정은 더 많이 상하지요. 싸움은 어떻게 보면 대화의 일부분이라고 할 수 있습니다. 그런데 이러한 싸움조차 시간이 없어서 힘들게 되므로 잃는 것이 더 많아집니다.

서로 대화가 통하지 않는 부부는 대화 자체가 힘이 듭니다. 대화가 잘 통하지 않는다는 것은, 한편으로 보면 각자가 자기 이야기를 주로 하고 자신의 생각을 상대방에게 주입시키거나 설득시키려 들기 때문에 잘 되지 않는 것입니다. 그러면서 '자신은 노력하고 있는데 상대방이 왜 그런지' 모르겠다고 합니다.

결국 상대방의 생각이나 의중을 듣거나 보기보다 자신의 것을 주장하는 일이 많아지면서 대화가 잘되지 않고 답답함을 느끼게 됩니다. 여기다가 맞벌이를 하는 상황이니 싸우고 나서 풀 시간도 많지 않습니다. 그러다 보니 시간이 없어서 흐지부지 되고 뒤늦게 다시 짚고 넘어가기도 뭐해서 넘어갑니다. 시간이 흘렀기 때문에 그 당시는 풀렸나 싶지만 같은 상황이 생기면 마음의 상처는 점점 커지고 감정들은 쌓이기만 하지요. 그래서 상대방이 뭔가를 이야기하려 하면 벌써 어떤 의도를 갖고 있다는 생각이 들어서 귀를 막게 되고 싸우는 상황이 반복됩니다. 상대방에게 실망을 하면 대부분의 사람들은 가정에 충실하려 하기보다 직장일이나 집 바깥의 일취미활동, 사람들과 교제 등에 충실하려고 합니다. 취미생활도 일처럼 하려 하고 점점 바깥으로 나도는 횟수가 늘어나지요. 그래도 엄마들은 가정에 대한 책임감이 있어서 집에 와서 챙기기도 하지만, 바깥에 나가있는 남편에 대한 화풀이로 아이들을 재촉하고 야단치면서 챙기는 상황이 됩니다.

★6★★ 돈이 관계를 지배하게 된다

부부관계가 돈독하지 않았을 때는 돈도 영향을 미칩니다. 맞벌이를 하다 보면 어떤 경우는 여자가 남자보다 수입이 많을 수 있습니다. 이것은 어떤 면에서 남자를 주눅이 들게 만들고, 여자는 목소리가 커집니다. 반대의 경우도 마찬가지지요. 남자가 여자보다 잘 벌

때는 여자에게 '돈도 제대로 못 벌면서 살림도 제대로 못한다'고 핀잔을 줍니다. 결국 서로간의 관계가 돈독하지 못하면 돈이 관계를 지배하기 쉽습니다. 돈이 지배하다 보면 참 치사하다는 생각이 많이 들 것입니다. 그래서 육아의 책임도 은연중에 수입의 많고 적음에 따라 움직여가는 것을 봅니다.

자녀에게 부모의 역할은 한쪽으로 기울어져서는 안 됩니다. 일부분 엄마가 아빠 역할까지 조금은 할 수 있다 하더라도, 아빠가 엄마의 역할을 전적으로 대신할 수 없고 엄마가 아빠 역할을 대신할 수 없습니다. 그래서 한 부모 가정이 아닌 이상 엄마 아빠 역할은 병행되어야 합니다. 부부관계가 부모 역할까지 영향을 주는 마당에 돈으로 이러한 역할들을 은연중에 미루거나 주장해서는 안 됩니다.

★7★★ 원가족과의 관계가 소홀해진다

부부관계가 돈독하지 않으면 양가 집안의 영향을 많이 받게 됩니다. 결혼을 통해 한 가정이 형성이 되고 아이가 출생하면 이 가정은 또 다른 독립된 가정으로 기능해야 합니다. 그러나 요즈음 양가 부모들이 자기 자식들을 독립시키지 못하거나 자식들이 부모로부터 떨어지지 않으려 하는 기묘한 현상이 빚어지고 있습니다.

그냥 자녀로 남으려 한다는 거지요. 아이가 출생하지 않는다면 어떻게 살던 별 상관이 없겠지만 아이의 출생은 부모에게 '중대한 역할' 을 요구합니다. 그러나 양가 부모와의 관계에서 독립하지 못할 때는 부모의 역할을 하지 못하지요. 맞벌이를 핑계대고 아이 양육을 양가 부모에게 미루거나 양가 부모가 양육에 지나치게 영향을 미치는 상황이 생깁니다.

이러한 것들은 단순히 '양육에 도움을 받으니까 얼마나 좋아' 하는 정도로 생각할 부분이 아닙니다. 다 성장한 부모가 자녀로 남는다는 것은 곧 자신의 주도적인 삶을 포기하는 것이고 어른으로서의 생각이나 결정들을 다 하지 못할 수 있다는 것을 의미합니다. 그렇다면 아이가 아이를 키우는 상황이 발생하게 되지요. 그러면서 양가 부모는 '부모가 알아서 하겠지' 라고 미루고 부모는 '자신의 부모들이 알아서 해주겠지' 라고 생각하다가, 결국 아이는 사각지대에 머무르게 됩니다. 어떤 경우에는 서로가 책임을 미루거나 서로가 주장하기 때문에 아이에 대해 뭔가를 결정하기도 쉽지 않습니다.

그렇다면 부부관계와 양가집안의 영향과 무슨 상관이 있다는 것일까요? 부부관계가 돈독하지 않으면 자신의 집안과 관련된 것^{시댁 혹} ^{은 처가}들은 자기 집이기 때문에 편안하게 수용하지만 상대편 배우자는 아닙니다. 그러면서 문제가 발생하는 것이지요. 무슨 말이냐 하면 아들로 머물고 싶은 남편은 자기 부인이 처가의 딸로 머무는 것을 용납하지 않고 자기 집안에 끌어들인다는 것입니다. 그러다 보면 시댁과의 갈등이 생기지요. 반대편도 마찬가지입니다. 자신이 딸로서 머무르기를 바라면 자신의 남편이 시댁의 아들이기를 원치 않고, 자신의 집에 끌어들이려 합니다. 그래서 장모와 사위의 갈등 역시 만만찮게 빚어집니다.

어떤 부부들은 양가 부모 중에 누구에게 아이를 맡기느냐의 문제로 사이가 벌어지기도 합니다. 이것은 아이를 누가 더 잘 키울 것인가에 대한 서로 다른 생각에서 빚어진 것이겠지만, 이 생각이 하나의 의견으로 맞추어지지 못하고 상황이 악화된 것은 부부 모두 양가 집안의 영향력을 많이 받았기 때문입니다. '우리 아이를 어떻게 키울 것인가?'에 대해 의견을 조율하기보다 서로가 우리 부모에게 맡겨야 한다는 자기 생각을 강요했다는 것이지요.

부부관계가 원만하다는 것은 원래의 관계에서 발전을 하여 새로운 관계를 만들어내는 것을 의미합니다. 그래서 서로가 원가족의 영향에서 벗어나 자신들의 영역들을 가지고 책임을 지는 것을 의미합니다. 부부관계가 원만하지 않을 때는 자신의 원가족 쪽에서 끌어당기는 힘의 영향을 더 많이 받습니다.

좋은 부부관계를 만드는 기술

그렇다면 좋은 부부관계를 위해 어떻게 하는 것이 좋을까요?

★1★★ 관계 만들기 = 남편이나 아내를 내 편으로 만들기

문제를 인식한 사람이 먼저 노력을 시작하는 것입니다. 남편이 집안일을 도와주지 않습니까? 그러면 집안일을 도와달라고 요구하기 전에 마음을 움직일 수 있는 작업에 들어가십시오. 요구를 잘 들어주는 것은 요구하는 사람에 대한 좋은 감정이 있을 때 가능합니다. 나에 대해 좋은 감정을 만들기 원합니까? 그러면 상대방을 감동시킬 만한 활동들을 해보십시오. 상대 배우자가 어떤 때 좋아하고 행복해합니까? 이런 것들을 파악해서 지속적으로 노력해 보십시오. 이 관계를 만드는 것이 제대로 되지 않으면 아무리 대화를 잘하려 해도 잘되지 않고 서로 어긋나기만 합니다. 좋은 관계는 좋은 이해를 만들어낼 수 있고 이 관계는 자연히 자녀 양육의 협조로 이어집니다. 누가 잘못했는지 따지면 아무리 해도 해결이 되지 않습니다. 잘못을 따지기보다 부부관계의 회복을 원하는 사람이 먼저 노력해보십시오. 이혼을 마음에 두고 있지 않는 이상 먼저 실천하는 노력이 마음 편하게 생활할 수 있도록 도울 것입니다. 이성적인 대화가 잘 통하지 않고 뭔가 서로 삐걱거릴 때는 오히려 더 성숙한(?) 사람의 노력이 필요할 때입니다.

어떤 부부는 결혼 생활 10년이 넘었는데 그야말로 한랭전선이었습니다. 서로가 '자신의 집안을 무시한다, 나를 무시한다'는 이유에서였지요. 그런데 꼭 싸울 때 아이를 매개체로 해서 화를 내며 아이를 대하는 태도를 가지고 싸우다 보니 나중엔 아이가 공격적인 태도를 보이게 되었습니다. 학교에서 문제가 되어서 할 수 없이 상담을 하게 되었는데, 남편은 아예 상담에 참여조차 하지 않았습니다. 할 수 없이 부인만 아이를 위해 노력을 하게 되었는데, 문제는 남편이 틈틈이 방해를 놓는 것이었습니다. 아이에게 툭하면 큰소리를 치고 더 야단을 치는 것이었죠. 그래서 아이를 두고 두 사람이 또 싸움을 했습니다. 그러다가 부인이 아이를 위해서 이러면 안 되겠다 싶어서 작전을 바꾸게 되었지요.

마음은 안 내켰지만 우선 남의 편인 남편을 내 편으로 만드는 작업을 시작했습니다. 마음속으론 '남편이 이런 대접을 받을 자격이 있어서가 아니라 애 때문에 한다'고 스스로를 달래야 했습니다. 처음에는 남편이 자기 잘나서 이렇게 하고 내가 잘못했다고 인정하는 꼴이 될까봐 걱정을 했지만, 애를 생각하며 억지로 노력을 했습니다. 이 부부는 관계가 나쁘다 보니 서로를 챙겨주기보다는 비난하기에 바빴고 부인은 아침을 챙겨주거나 남편 옷을 챙겨주는 일도 안했는데, 오로지 아이를 위해 새벽에 일어나서 남편이 좋아하는 뚝배기에 밥을 짓고 된장찌개를 끓여놓은 뒤 들어와 잤습니다. 물론 남편이 입을 옷도 내어놓았지요. 이런 일이 몇 번 반복되면서 생전 부인의 건강을 챙기지도 않고 꾀병이라고 몰아붙이던 남편이 비타민을 식탁 위에 올려다놓고 갔더랍니다.

물론 한동안은 서로 얼굴을 보면서 챙기지는 않았지만 조금씩 서로 반응이 오기 시작했습니다. 그러면서 남편이 아이에게 부드럽게 뭔가를 묻는 모습을 보이기도 하고 아이를 데리고 나가서 놀아주기도 했습니다. 이런 일이 반복되자 부인이 남편에게 차마 직접 말은 못하고 쪽지에 '고맙다'는 짧은 글귀를 남기기까지 하게 되었습니다. 결국 10년 동안의 한랭전선이 끝나고 두 사람이 다시 신혼여행을 갔다 오는 경사가 생겼습니다.

남편을 내편으로 만드는 작업을 한 번 해보십시오. 만약 남편이 이 책을 읽는다면 남편이 부인의 마음을 기울게 만들어보십시오.

★2★★ 우리 가족만의 경계선 만들기

둘 사이의 관계를 친밀하게 하기 위한 노력들을 통해서 또 하나의 '가족 영역 경계선'을 만들어야 합니다. 상대편 배우자가 자신의 원가족의 영향을 많이 받는다고 여기십니까? 그렇다면 상대편 배우자를 비난하기보다 여기서도 내 편으로 만드는 작업을 하는 것이 필요합니다. 비난은 적을 만드는 것입니다. 때론 비난을 해야 깨달으리라 여기는데 절대 그렇지 않습니다. 내 편으로 만들면 자연히 한 가정의 가장^{아내}으로 책임감을 느끼고 자기 자리를 찾게 됩니다.

아이를 맡길 때 서로의 부모가 맡아주기를 원한다 해도 우리 가족의 경계가 불분명해질 것 같으면, 과감하게 전혀 다른 탁아모를 찾으십시오. 양가 부모의 도움을 최소로 받고 지나치게 의존하지 마십시오. 경제적인 도움 역시 '얼씨구나 좋다'고 받기 시작하면 자녀의 자리에 머무르게 만들어서 양가 부모의 간섭에서 벗어나기 쉽지 않습니다. 조금 힘들더라도 경제적인 도움을 받는 측면들도 신중히 고려하는 것이 필요합니다. 받을 때는 좋지만 부모의 간섭으로 인해 한쪽 배우자는 스트레스를 받으니까요. 그리고 양가 부모에게 맡기더라도 오래두지 말고 퇴근 후 일찍 집에 데리고 오십시오. 그래야 경계^{boundary}가 생깁니다. 경계선은 그냥 만들어지는 것이 아니라 부모로서 자리매김을 하려고 몸부림 칠 때만 가능합니다.

★3★★ 상대방을 배려하는 대화

부부간의 대화를 하려고 노력하십시오. 시간이 없기 때문에 맞벌이 부부는 자칫 잘못하면 얼굴보기도 힘들 때가 많습니다. 대화를 할 때는 말을 많이 하려 하기보다 상대방이 말하는 것을 들으려고 먼저 노력하십시오. 얼굴을 못 보면 핸드폰 문자나 이메일 등을 통해 대화를 하고 서로의 마음을 알리십시오. 싸움도 대화라고 했습니다. 그러나 싸움도 서로를 비난하면서 시작하지 말고, 하고 싶은 말을 하는 것이 필요합니다. 무조건 상대방을 설득하려 하면 그것은 대화가 일방적이 되어서 제대로 진행이 안 될 수 있습니다. 상대방의 말에 귀를 기울이고 상대방의 감정에 귀를 기울여보십시오. 요즈음 많이 알려져 있는 '나 전달법'이나 '반영적 경청'의 방법을 사용하는 것도 좋습니다.

이 대화법의 기본은 '상대방의 말을 잘 들어주는 것'과 '내 감정만 전달을 하고 상대방을 비난하지 않는 것'입니다. 내 말을 들어줬으면 하는 바람이 있다면, 내 마음처럼 상대편의 마음을 먼저 들어주려하십시오. 상대편을 수용하는 것이 곧 나를 수용하는 것이라는 생각으로 말입니다.

이 태도는 필요성을 느끼는 사람이 가지려고 노력하는 것이고, 문제를 먼저 깨달은 사람이 갖는 것입니다.

★4★★ 내가 먼저 시작하는 존중

그리고 부부간의 존중이 필요합니다. 누가 누구를 지배하는 것이 아니라 서로가 서로를 채워가는 관계이며 한 인격체로 상대방을 생각하십시오. 그렇게 하려면 우선 말부터 조심하는 것이 좋습니다. 나이 차이가 있다고 해서 어느 한쪽이 지배하는 것은 부부관계가 아닙니다. 때론 나이로 상대방을 누르려는 부부도 있는데 그것은 적절한 부부관계가 될 수 없습니다. 그리고 내가 먼저 상대를 존중해봅시다. 상대방이 나를 존중해주길 기다리면 절대로 서로 존중하는 관계가 되지 못합니다. 상대방이 전혀 나를 존중하지 않습니까? 그러면 더 존중하십시오. 존중은 내가 먼저 하는 것이지 상대방이 나에게 해주면 하는 것은 아닙니다. 그리고 존중은 집안일과 관련된 것들을 부부가 같이 결정하려고 하는 것입니다. 양가 부모들의 의견을 참조하더라도 부부의 생각과 의사가 더 중요합니다. 부부가 같이 결정하십시오. 이것이 상대편에 대한 존재를 인정하는 것이고 존중하는 것입니다. 혼자 결정하다 보면 문제를 키웁니다.

이러한 존중은 아이를 대하는 태도 속에서도 찾을 수 있습니다. 상대방이 아이에게 잘못한다고 해서 아이 앞에서 비난을 하거나 지적하는 것은 금물입니다. 마음에 안 들지만 아이 앞에서는 그냥 두고 부부 둘만의 시간을 통해 그 부분에 대한 의견 통일을 보는 것입니다. 아이가 아빠와 무엇을 사주기로 약속을 했는데 엄마가 보니까 '교육적으로 사주는 것이 좋지 않다'고 여겨서 그 약속을 깨트리는 것은 좋지 않다는 것입니다. 그렇게 약속한 것은 아빠의 권위를 인정하며 그냥 두고, 다음에는 그렇게 하지 않았으면 하는 의견들을 서로 나누라는 것입니다.

어떤 때는 아빠가 아이 앞에서 '니네 엄마는 도대체 살림을 하는 거야 마는 거야'라는 식으로 비난을 하는데 이것 역시 아이가 부모를 우습게 보도록 만듭니다. 부부간의 존중은 서로의 존중으로 끝나

는 것이 아니라 아이가 그 존중 가운데서 '사람에 대한 존중'의 태도
를 배우게 됩니다.

★5★★ 상대방이 원하는 말하기

존중의 또 하나의 형태는 '상대방이 원하는 말'들을 해주는 것이
기도 합니다. 많은 아빠들은 '당신 바깥에서 고생했어. 힘든데 아이
와 놀아줘서 정말 고마워'라는 소리를 듣고 싶어 합니다. 집에서 인
정받는 말을 듣고 싶은 거지요. 뿐만 아니라 엄마는 '맞벌이를 하면
서도 집안일, 애들까지 신경 쓰느라 정말 당신 고생한다. 고마워'라
는 말을 듣고 싶어 합니다.

그런데 지금 서로가 '지금보다 좀 더 잘하면서 좋을 텐데'라는
생각에 '누구네 집 엄마는 이렇게 하더라, 아빠는 애들하고 잘 놀아
주더라'라는 식의 말을 하고 있지는 않습니까?

많이 부족해도 현재 하고 있는 일에 대해서 부부는 서로 인정받고
싶어 하고 고마워하기를 바라는 마음이 있다는 것, 즉 '내가 원하는
마음이 당신 마음과 같다'는 것을 눈치 채십시오.

이러한 부부관계가 제대로 되면 아이는 부모의 모습들 속에 안정
감을 갖게 되고 서로 배려하며 존중하는 것을 배우게 될 것입니다.
이러한 존중이 될 때 엄마나 아빠의 역할을 제대로 하게 되고 이 역
할들 속에 아이는 엄마 아빠와의 좋은 관계를 형성해나갈 것입니다.

좋은 관계를 형성하는 것은 정서적인 안정의 의미를 넘어서서 각자의 성정체감을 제대로 형성해나갈 수 있는 일입니다. 맞벌이에서 부부관계는 좀 더 중요하고 필수적이라는 것을 명심하십시오.

지금 현재 상태를 인정하라

이 부분은 현재 맞벌이 때문에 시간적인 부족이 있고 이로 인해 여러 가지 있을 수 있는 문제 상황을 어떻게 받아들이고 어떻게 처리할 것인가에 관한 내용입니다. 우리가 시력이 좋지 않을 때는 안경이나 렌즈의 도움을 받아야 하고 영양 부족일 때는 음식으로든 영양제로든 충분한 도움을 받아야 합니다. 이러한 것들을 당연히 여기는 것처럼 맞벌이 상황이기 때문에 벌어질 수밖에 없는 상황을 그대로 인정하고 받아들이자는 것입니다. 많은 부모들이 인정하고 있다고 생각하지만 실제로 행동으로는 인정하지 못하고 있음을 많이 봅니다. 마음으로는 인정하고 있는지 모르지만 한편에는 또 다른 기대를 가지고 있기 때문에 행동으로 인정하지 않고 있습니다.

맞벌이도 하고 아이도 잘 키우고 싶은 마음은 있을 수 있지만 사실 '맞벌이와 자녀 양육'이라는 두 마리 토끼를 제대로 잡기는 쉬운 일이 아닙니다. 어쩌면 두 마리 토끼를 잡을 수 있으리라고 쉽게 생각하는 마음을 버려야 할지 모릅니다. 양육을 잘해서 일과 양육 두 마리 토끼를 잡았다면 상관없지만, 만약 그렇지 않다면 아이 양육에 누수 현상은 당연히 있을 수 있다는 것, 이것을 인정해야 합니다.

맞벌이를 하면서 가장 좋은 환경을 위해 좋은 탁아모를 구하려고 해도 원하는 탁아모가 쉽게 구해지지 않고 때론 탁아모의 사정으로 자주 바뀔 수 있습니다. 전문가들이 '탁아모가 자주 바뀌지 않는 것이 좋다'고 하는데 내 의도는 아니지만 어쩔 수 없이 아이에게는 좋지 않은 환경을 제공하기도 합니다. 시간을 내어서 놀아줘야 하는 것도 물론 알지만 직장일 때문에 늦게 귀가하는 때가 많아지기도 하고 피곤해서 해주지 못할 때가 있기도 합니다. 뻔히 알면서도 상황이 따라주지 않아서 아이에게 소홀하게 되는 경우도 많습니다. 그럴 수밖에 없었던 상황 때문에 아이에게 부정적인 영향을 준 것을 알았다면, 이제 이것을 인정하고 지금 상황에서 노력을 시작하는 것이 필요합니다. '그때는 어쩔 수가 없었어. 그렇지만 이제 내가 어떤 것으로 이것을 만회할 수 있을까?'라고 말입니다. 이러한 것들을 인정하면 눈에 거슬리는 아이들의 행동을 무조건 윽박지르거나 다그치지 않고 해결하는 방향 쪽으로 태도도 달라질 것입니다. 그러면 구체적으로 무엇을 인정하며 수용해야 할까요?

시간이 부족하면 정서적 배고픔이 온다는 것을 인정하자

★1★★ 분리불안이 있을 수 있다는 것 인정하기

맞벌이이기 때문에 시간이 부족합니다. 아이와 부모가 같이 할 시간이 절대적으로 부족하기 때문에 아이는 그 짧은 시간만으로 충분하지 않습니다. 그래서 엄마와 떨어지기가 쉽지 않습니다. 짧은 시간으로 부족한 것들을 아이는 '떨어지지 않으려는 행동'으로 나타냅니다. 이것이 분리불안이지요. 그런데 대부분의 맞벌이 부모들은 누구집 애는 잘 떨어지는데 '애는 왜 이래' 라고 비교합니다. 아이에게

직장을 가야 한다고 아무리 설명해도 울고 안 떨어지려 하면 속이 너무 상합니다. 그래서 막 야단을 치게 되지요. 아이가 어리면 마음 아파하면서 이해를 하지만 유치원에 갈 때나 학교 갈 정도의 나이가 되었는데도 분리불안을 보이면 이해 못할 행동으로 받아들입니다. 어릴 때는 그럴 수 있지만 이 정도 나이가 되면 분리불안을 보이지 않아야 한다는 것이지요. 그런데 아이 입장에서 보면 시간의 부족으로 인해 부모와 충분한 애착^{친밀감, 믿음}이 제대로 형성이 안 되었다는 점을 표현할 수밖에 없을 겁니다. 배고프고 허전하다는 것을 분리불안이라는 모양으로 표현하고 있다는 것이지요.

맞벌이이기 때문에 분리불안이 생겨날 가능성이 많습니다. 시간이 부족하기 때문에 여기에 신경 쓰고 애를 쓰지 않으면 아이의 정서적인 허기가 쉽게 질 수 있다는 것이지요.

인정한다고 하지만 막상 문제나 걱정을 해결하는 태도를 보면 '아이 스스로 고치기'를 원하여 야단을 칩니다. 때론 분리불안 현상을 떨어지는 연습이 안 된 것으로 생각해서 떼놓기 연습을 하는 부모들도 있습니다. 이것은 아이가 분리할 마음을 먹지 않아서 그런 것처럼 아이를 다그치는 꼴이 됩니다. 정말 인정한다면 배고픔을 달래주기 위해 먹을 것을 준비하듯이 시간 나면 틈틈이 아이와 같이 있으려고 노력하는 모습을 보이는 것이 중요합니다. 같이 있을 때는 되도록 떨어져 있지 않도록 안심할 수 있는 상황을 만드는 것도 필요합니다.

잠을 같이 자야 할 수도 있고, 쓰레기 버리러 갈 때 같이 가야 할 수도 있습니다. 집안에서도 눈에 보이는 자리에 부모가 항상 있어주는 게 필요하지요. 떼어놓으려고 하다 보면 더 심각해집니다. 이것은 습관이 잘못 든 것이 아니라 부족해서 생긴 행동이기 때문입니다.

분리불안은 때론 내면에 세상에 대한 불신을 만들기도 합니다. 그래서 아이들은 몇 번씩 저울질을 하게 되고, 오랜 시간이 흐른 후에 믿을 만하다 싶으면 마음의 문을 열어볼까 하는 태도를 보입니다. 그래서 아이는 일부러 외부 상황에 대해 공격적인 태도를 보이거나 반항적인 태도를 보이면서 자신을 어떻게 받아들이는지를 저울질합니다. 맞벌이로 인해 생긴 것이라면 이것은 장기간의 노력이 필요하다는 것을 인정해야 합니다.

배고픈 것은 배불리면 자연스럽게 해결됩니다. 물론 배고픈 상황이 오랜 시간 지속이 되면 영양실조가 되기 때문에 이것은 치료적인 접근이 필요하겠지요. 마찬가지로 분리불안을 보인 횟수나 지속되는 기간이 길다면 치료적인 접근을 통해서 해결하는 방법도 필요합니다.

★2★★ 잠을 잘 자지 않으려는 것 인정하고 수용하기

맞벌이 가정의 아이가 가장 공통적으로 보이는 특징이 밤에 잠을 잘 안 자려 하는 것입니다. 맞벌이 가정의 아이들은 낮 시간에 피곤하게 놀아도 부모가 오시는 시간이 되면 다시 아침을 시작하듯이 부모에게 덤벼듭니다. 그래서 어떤 부모는 집에 들어가는 것이 꺼려진다고 말을 할 정도로 아이들은 저녁시간을 기다립니다. 낮 시간에 부모와 못다 한 것을 하고 싶어서 말입니다. 그렇지만 부모는 밥도 먹고 집안 정리도 해야 하고 다음날도 출근해야 하기 때문에 일찍 재우고 싶습니다.

물론 아이가 엄마 아빠를 괴롭히기 위해서 안 자려는 것은 아니지요. 떼를 쓰려고 그러는 것이 아닌 것은 알지만 받아주기가 쉽지 않습니다. 어떤 아이는 졸린데도 안 자려고 눈을 부릅뜨고 있는 아이도 있습니다. 아이가 보내는 메시지가 무엇입니까? '엄마, 아빠랑 같이 있고 싶어' 라는 것이지요. 아이가 짧은 시간이나마 부모라는 중요한 존재와 같이 있고 싶다는 마음을 인정해주십시오. 만약 이 마음을 인정한다면 저녁 시간에 아이와 같이 하는 시간을 보내는 태도가 달라집니다. 인정을 하지 않으면 어떻게 하든지 재우는 데만 급급하게 됩니다. 아침에 일찍 일어나야 하는 이유를 열심히 설명하고 빨리 재우려하는데 아이가 '협조'를 하지 않으면 불을 끄고 야단도 치고 협박도 하게 됩니다. 이런 행동들이 맞벌이 가정의 아이의 특징을 인정하지 않는 것이라 할 수 있지요.

짧은 시간이지만 재우는 것에 급급할 것이 아니라 아이가 같이 있고 싶어 하고 놀고 싶어 하는 마음에 초점을 둔다면 조금이나마 잠과 관련된 전쟁은 조금씩 줄어들 수 있습니다. 어릴 때부터 이런 것들을 해왔다면 좀 쉽습니다. 그러나 이런 것을 인정하지 않고 재우려했던 가정에서는 갑자기 이런 노력을 하면 자는 시간이 조금 늦어질 수 있습니다. 일정 기간 동안 시간이 늦어지더라도 아이의 만족을 위해 노력을 하면서 그다음 시작을 조정하는 것이 도움이 됩니다. 때론 금요일 저녁이나 주말, 휴가나 휴일 등 늦게 자도 되는 날에 마음껏 놀 수 있는 특별한 날을 만들어보는 것도 좋습니다. 금요일, 토요일은 신나게 엄마 아빠와 시간을 보내면서 조금 늦게 자고 일요일에는 일찍 깨우면 일요일 저녁엔 피곤해서 일찍 잘 수도 있습니다. 이런 식으로 가능한 환경 안에서 시간을 만들어보라는 것입니다. 어떤 가정은 일찍 자고 일찍 일어나야 아이가 잘 크고 아이의 리듬을 유지한다고 말을 합니다. 물론 이 말이 틀린 것은 아닙니다. 하지만 정서적으로 고픈 것들은 키뿐 아니라 다른 여러 가지 마음의 성장을 방해합니다. '저녁 시간이 고픈 아이' 들은 밤에 잠자리에서도 자지 않으려고 한두 시간씩 버티기도 합니다. 차라리 일정 기간 동안 정서적인 배고픔을 해결해주는 것이 성장에 더 도움이 될 수도 있습니다. 이러한 노력을 지속적으로 하면 아이는 '엄마 아빠가 나와 함께 하려는구나' 라는 확신이 생기고 조금씩 잠의 패턴을 조절할 수 있게 됩니다.

★3★★ 사는 것, 먹는 것에 집착할 수도 있다는 것 인정하기

매일 '이거 사줘, 저거 사줘'라고 요구하는 아이들이 많습니다. 그런데 특히 맞벌이 가정의 아이들이 사는 것이나 먹는 것 등 물질적인 것에 좀 더 관심을 많이 표현합니다. 있는 데도 사달라고 떼를 쓰기도 하고 때로는 탐욕스러워 보이기도 합니다. 요즈음 아이들에게 경제적인 개념을 가르쳐야 한다는 사회적인 분위기도 있는데 자꾸 이것저것 사달라고 하는 아이를 보면 걱정이 되지 않을 수 없습니다. 간혹 '내가 자꾸 물질적인 것으로 보상을 해서 아이가 그런가'라고 생각하는 부모도 있는데 이것은 그럴 수도 있고 아닐 수도 있습니다.

아이들은 사랑과 관심을 먹고 자랍니다. 그래서 때론 사랑과 관심이 물질적인 것들을 채우는 것으로 표현되기도 합니다. 그런데 물질적인 것으로만 사랑과 관심을 채우면 아이는 지속적으로 틈만 나면 '이것 사줘, 저거 사줘'라고 매달리겠지요. 맞벌이 부모들이 시간은 부족하지만 '물질은 시간보다 쉽고 여유로울 수 있기 때문'에 자꾸 물질적인 것으로 보상을 하게 됩니다. 그러다 보면 아이는 이러한 물질이 관심이나 사랑의 표현으로 인식하게 되어서 '물질 = 사랑'이라고 여기게 됩니다. 그런데 사실 물질이 사랑이 아니기 때문에 끊임없이 물질을 요구하게 되지요.

때론 진정한 관심과 사랑을 채우지 않으면 아이는 물질에 더 집착하게 됩니다. 맞벌이 부모들에게 가장 하기 어려운 것들이 아이들과 시간을 가지는 것입니다. 이러한 것들이 힘들면 아이는 자연히 물질적인 것으로 자신을 표현할 수밖에 없다는 것이지요. 이런 경우 장난감이나 먹는 것을 제한하려고만 한다면 아이는 힘이 들겠지요.

성진이는 너무 지나치게 먹어서 상담소를 찾았습니다. 배탈이 날 정도로 먹어도 멈추질 않고 지나치게 사달라는 것도 많았지요. 이러한 것들을 집에서 매번 통제해보려 했지만 잘되지 않았습니다. 그래서 성진이의 변화를 위한 시작은 성진이가 좋아하는 것부터 시작했습니다. 처음에는 성진이가 먹고 싶은 만큼 제지하지 않고 사주었습니다. 1주일 정도 햄버거, 치킨, 피자 등을 마음껏 먹도록 두었습니다. 그리고 더 부추겼지요. '너 더 먹고 싶으면 마음껏 먹어' 라고 말입니다. 그랬더니 5일 정도 되었는데 점점 성진이의 먹는 것이 줄어들기 시작했습니다. 동시에 부모는 성진이가 좋아하는 것을 하며 같이 놀기도 하고 성진이가 즐기는 것에 관심을 보여줬습니다. 성진이는 부모가 옆에만 같이 있어줘도 좋아했습니다. 그래서 되도록이면 시간이 되는 한도 내에서 옆에 있어주려고 노력했지요. 그러면서 물질적인 것들이 조절되기 시작했습니다. 이것을 통해 성진이 부모는 '먹는 것이 아이의 절제력이 모자란 문제라기보다 나와 같이 있고 싶어 하는 것이었고, 같이 있으니까 곧 절제가 되는구나' 라는 것을 느끼게 되었지요.

진짜 사랑을 주고 난 후 그다음에 절제를 하는 것이 필요합니다. 결국 아이가 물건이나 물질에 집착을 하면 '애가 나와 즐거운 시간을 가지기를 원하는구나, 나와 뭔가 활동을 같이 하고 싶어 하는구나' 라고 생각하는 것, 이것이 인정하는 모습이라는 것입니다. 사실 아이는 충족이 되면, 진짜를 받았기 때문에 자연스럽게 절제가 가능할 수 있습니다.

아이의 행동을 모두 통제할 수 없다는 것을 인정하자

★1★★ 집에 일찍 들어오지 않을 수 있다는 것 인정하기

아이가 집에 일찍 들어가지 않고 학원에 제시간에 안 가서 직장으

159

로 매일 전화가 옵니다. 그래서 별별 수단을 다 써서 학원을 보내지만 계속 이런 일이 반복됩니다. 직장일도 손에 안 잡히고 앉아서 아무것도 할 수 없는 부모는 속만 상합니다. 그래서 퇴근 후 집에 가서 아이에게 야단을 쳐봅니다. 다시는 안 그러겠다고 말하긴 하지만 그때뿐입니다. 정말 속 터지는 일입니다. 또 어떤 맞벌이 가정은 아이가 학교 끝나고 집에 일찍 오지 않는다고 걱정을 많이 합니다.

맞벌이로 인해 아이가 정서적으로 허전함이 있다면 아이가 아무도 없는 집에 일찍 들어오기가 쉽지 않습니다. 아무도 없는 집에 들어간다는 것은 빈집에서의 공허함을 더 느끼는 일이니까요. 어른들도 마찬가지지요. 기러기 아빠들에 대한 이야기들을 보면 빈집에 들어가고 싶지 않아서 바깥으로 도는 사례가 많습니다. 하물며 맞벌이라는 환경으로 허전함을 지속적으로 느끼는 아이는 당연히 아무도 없는 집에 일찍 들어가기 쉽지 않을 것입니다.

부모 입장에서는 '내가 없으니까 아무 생각 없이 고삐가 풀린 망아지처럼 자기 마음대로 하는' 행동으로 보일 것입니다. '아무리 맞벌이를 하더라도, 아무리 그래도, 집에는 일찍 들어와야지' 라는 마음, 하지만 '그래도' 라는 생각을 하지 맙시다. '어쩌면 당연할 수 있다' 라고 받아들이자는 것입니다.

집에 부모가 없더라도 잘 할 수 있으려면 낮에 집에 들어갔을 때 공허함이나 허전함을 느끼지 않아야 가능합니다. 이것은 아이가 얼마나 정서적인 충족이 되어 있느냐와 상관이 있습니다. 충족이 되지 않은 모습들이 자꾸 놀고 싶어하는, 본능적인 행동을 하는 모습일 수 있습니다. 그런데 이런 것을 인정하기보다 '왜 그러냐' 면서 야단치고 때리면 행동이 제대로 안 잡히지요. 야단을 아무리 쳐도 안되면 '말귀 다 알아듣는 아이' 가 왜 그럴까 싶어서 '정신을 못 차리는' 아이 탓으로 돌립니다. 이런 마음들이 사실은 맞벌이로 인해 일어나는 현상을 인정하지 않는 것이지요. 갓난아이가 당연히 혼자서 걷거나 길 수 없는데 그 아이에게 혼자 일어나야 하고 걸어야 하는 이유를 열심히 설명하고 나서 하지 못한다고 아이에게 화를 낸다면, 이것은 말도 안 되는 행동이지 않습니까? '집에 늦게 오는 아이' 는 어쩌면 정서적으로 모든 것을 챙기고 돌봐줘야 하는 어린아이의 마음일 수 있습니다. 그러다 보니 혼자서는 마음잡지 못하고 떠돌아다니는 것일 수 있다는 것입니다. 맞벌이 부모가 '아이의 이성에 호소하면 되리라 여기는 것', 이 자체가 사실은 맞벌이라는 상황을 인정하지 않는 태도입니다. 그래서 반복해서 설명하고 야단치면 아이가 깨달으리라 여기는데 깨달음은 바깥에서 재촉해서 생기는 것이 아니라 마음의 충만이 가져다주는 것입니다. 아이가 집에 일찍 들어오게 하기 위해서는 야단이나 매, 잔소리 대신에 먼저 아이의 허전함을 채우기 위해 노력하는 것이 필요합니다. 앞에서도 언급했지만, 야단이나 매, 잔소리는 다른 것사랑과 관심을 채우는 노력이 선행이 되거나 병행이 될 때 효과가 있을 수 있습니다. 그런데 사람이 묘해서 통제적인 훈육^{야단, 매, 잔소리} 등을 하면 이것이 주가 되기 때문에 채우는 작업이 잘 되지 않습니다. 야단치는 날은 야단만 치게 되지 않습니까? 그래서 정말 아이가 채워져야 함을 인정한다면 우선 아이의 행동을 이해하고 어떻게 채울 것인가를 고민하십시오.

★2★★ 자기 할 일을 제대로 안 해놓을 수 있다는 것 인정하기

낮에 아무도 챙기지 않는데, 때론 대리 부모가 챙기려 하지만 아이는 마음을 잡지 못하고 빈둥거립니다. 그런데 부모는 낮에 숙제를 다 해놓기를 부탁합니다. 저녁에 퇴근 후 집에 와보니 숙제는 안해 놓고 있으면 화를 안낼 수가 없지요. 낮에 자기 할 일을 해놓는 아이도 있겠지만 맞벌이 상황에서는 아이 스스로 그렇게 되기가 쉽지 않습니다.

아이는 낮에 아무것도 안하려 합니다. 특히나 저학년일수록 더 하지요. 마음을 잡지 못합니다. 그래서 아이는 부모가 오면 모든 것을 시작하려 합니다. 노는 것부터 시작해서 숙제나 준비물 챙기기 등을 하려 합니다. 가장 많은 잔소리 중에 '낮에 숙제 해놓으면 엄마하고 놀 시간이 많잖아' 이지요. 부모 입장에서는 참으로 답답한 노릇입니다. 그런데 앞뒤 전후를 따져서 이성적으로 행동을 하면 아이가 아니지요. 낮 시간에 안정적이지 않기 때문에 숙제보다 딴 짓을 많이 하게 됩니다.

이 행동을 인정하지 않으면 매번 다짐을 받아내려 합니다. '할 일 다 해놓기'를 정해놓고 스티커를 붙여보기도 하고 보상을 하지만 그때뿐입니다. 어떻게 인정을 하느냐구요. '우선 내가 집에 가면 아이는 자기 일을 하나도 안 해놨겠구나'라고 그럴 수밖에 없다고 받아들이십시오. 그리고 숙제나 할 일들을 부모가 같이 하는 즐거운 활동의 하나로 만들어서 시간을 보내는 것입니다. 숙제가 뭐가 재미가 있냐구요? 야단을 치지 않고 도와줘보세요. 아이가 어떤 공부를 하고 있고 어떤 준비물이 있는지 등을 같이 살펴보면 아이를 이해하는 데도 도움이 됩니다. 준비물도 같이 사러 갈 수도 있습니다. 주의해야 할 것은 공부나 숙제를 도와주면서 부모가 화를 내기 시작하면 안 하니만 못합니다. 화를 낼 것 같으면 낮 시간에 다른 사람의 도움을 받을 수 있도록 상황을 만드는 것이 오히려 나을 수 있습니다.

★3★★ 부모가 없으면 아이가 컴퓨터를 많이 할 수 있다는 것 인정하기

컴퓨터나 TV를 너무 많이 본다구요? 어느 집이나 이 문제에 대해 고민을 많이 하고 있습니다. 맞벌이이든 아니든 간에 말이죠. 그러나 부모가 없는 시간에 아이가 제대로 시간을 보내고 있을 거라고 기대하는 것은 무리일 수 있습니다. 컴퓨터를 실컷 하게 해주라는 말로 오해하지 마시기 바랍니다. '내가 없을 때 특히 맞벌이 상황에

서 아이가 그 허전함을 컴퓨터로 채울 수 있다는 것' 입니다.

부모는 자신이 없을 때에도 아이가 스스로를 잘 통제할 수 있기를 바랍니다. 그런데 통제할 수 있는 힘을 얼마나 키워주었나요? 만약 통제할 수 있는 힘을 키우는 노력을 하지 않았다면 이것은 당연한 모습일 수 있습니다. '그래도' 라고 하고 싶은가요? 맞벌이가 아닌 집에서는 엄마가 지키고 앉아서 컴퓨터를 통제할 수도 있습니다. 물론 이런 집도 통제력이 없으면 몰래 열심히 하지요.

우선 아이들은 부모의 통제 하에 있지 않으면 이런 행동이 있을 수 있다는 것을 인정하십시오. 그래야만 직장에서 마음 편하게 일할 수 있습니다. 내 눈 앞에 보이지 않는 행동을 멀리서 통제하려 하면 쉽지 않은 일입니다. 틈틈이 전화해서 뭐하는지 물어보고 컴퓨터 하는지 확인하다 보면 아이는 전화를 안 받을 수도 있고 짜증을 내고 때론 거짓말도 할 수 있습니다.

인정하고 수용한다는 것은 이것을 통제하는 것만으로 해결하려 하지 말라는 것입니다. 야단을 치고 모니터를 부수기도 하고 전선을 잘라보기도 하고 때론 파워 선을 부모가 들고 다니는 경우들도 있습니다. 이런 경우 아이는 어디로 갈까요? PC방으로 가겠지요. 마음속에 빈자리가 많은 아이들이 컴퓨터를 통해서 이것을 풀고 있는데, 뺏고 통제만 하면 '내가 제일 좋아하는 것을 엄마 아빠가 뺏어갔다. 엄마 아빠는 날 이해 못한다' 라고 마음속에 억울함을 가지게 됩니다.

통제하기 이전에 왜 아이가 컴퓨터에 빠져들 수밖에 없는지, 뭐가 허전한지, 뭐가 부족한지 등을 따져서 이러한 것들을 채우려는 노력을 먼저 하는 것이 필수입니다. 부모의 친밀한 시간을 같이 하고 싶고 관심이 필요할 수도 있습니다. 이러한 것들을 채우려고 노력하면서 컴퓨터를 통제하는 방법들을 같이 협상할 수 있습니다.

이와 더불어 아이의 생각과 의사를 존중해야 합니다. 이러한 생각과 의사를 존중하지 않고 부모 마음대로 이것저것 결정하면 아이는 스스로 통제력을 가질 수 없습니다. 아이의 통제력을 키우고 싶다면 아이에게 사소한 것이라도 결정할 수 있는 기회를 주는 것이 필요합니다. 많은 부모가 결정할 수 있는 기회를 주고 있다고 말합니다. 그런데 아이들 입장에서는 '엄마 아빠가 원하는 쪽으로 설득한다' 는 느낌을 더 가지고 있습니다. '결국 엄마 아빠 마음대로 할 거잖아' 라고 말입니다. 먼저 아이에게 많이 물어보십시오. 명령하지 말고 말입니다. 우리가 얼마나 많은 명령을 하는지 생각해보십시오.

부모라는 이름을 내세우지 말고
관계 맺기부터 시작하라

★1★★ 나보다 대리 부모를 더 좋아하거나 따를 수 있다는 것
     인정하기

내가
니 애미다.

나보다 시간을 더 많이 같이 하는 탁아모를 더 좋아할 수 있습니다. 그런데 이것은 부모 입장에서 견디기 힘든 상황입니다. 아이가 나보다 다른 사람을 더 따르고 날 피하는 것 같으면 정말 속상하고 절망적일 수 있습니다. 그런데 어쩌겠습니까? 나와 같이 한 시간이 적은 것은 확실하고 그렇기 때문에 나보다 다른 사람과의 애착이 더 생긴 것을 말입니다.

이것을 인정하는 것은 정말 속상한 일이지만, 관계를 가깝게 만들고 싶으면 수용하고 인정해야 합니다. 아무리 아이에게 '내가 엄마야, 아빠야' 라고 세뇌시켜봐야 이것은 의미가 없습니다. 때론 대리 부모를 떼놓고 싶은 마음도 생기겠지요. 그러나 직장을 계속 다니려면 그렇게 할 수 없지 않습니까?

해답은 하나입니다. 이것을 느끼는 순간부터 아이와 좀 더 많은 시간을 갖도록 노력하는 것입니다. 이런 노력들은 아이에게 금방 전달이 되어서 아이와 관계가 가까워지는 것을 느낄 것입니다. 상담하다 보면 '어쩌면 아이들이 부모의 이런 변화를 기다리고 있었던 것 같은' 느낌이 들 만큼 아이들의 반응이 크다는 것을 느낍니다.

대부분의 부모가 인정하지 않는 공통적인 모습이 앞에서도 조금 씩 언급되었지만, 아이 스스로 행동을 고치라고 주문하는 것입니다. 이러한 것들이 통제나 야단, 잔소리의 모습으로 드러납니다. 물론 부모 입장에서는 잘못된 것을 가르쳐야 한다는 교육적인 의미에서 시작하는 것이겠지만, 사실 아이의 잘못된 행동을 만든 상황의 책임 자는 부모이기 때문에 이것에 대해서 부모가 먼저 책임을 통감해야 합니다. 아이의 이성에 호소하는 것 역시 그런 의미에서 보면 잘못 된 것입니다. 인정하지 않으면 '너 고칠래 말래' 라는 식으로 아이와 맞서게 됩니다. 이렇게 해서 해결되면 다행이지만 절대 해결되지 않 습니다. 강도 높은 야단과 잔소리가 이어지고 더 심한 상황이 벌어 지지요. 뿐만 아니라 아이는 자신의 마음을 몰라주는 부모에게 여러 가지 신호를 보내다가 급기야 심각한 문제로 신호를 보내는 상황까 지 가는 경우도 있습니다.

★2★★ 애프터서비스가 필요하다는 것 인정하기

우리가 아무리 최선을 다해서 아이 양육 환경을 만들려고 해도 잘 되지 않습니다. 좋은 탁아모를 구하고 싶지만 자주 바뀌기도 하고, 돌봐주는 사람의 성품이 내가 원하는 사람이 아닐 수 있습니다. 때론 아이를 곁에 두고 싶어도 상황이 안 되어서 멀리 떠나보내야 하는 경우들도 있습니다. 이러한 것들이 부모가 일부러 그런 것은 아니지만 그 결과에 대해서는 책임을 질 수밖에 없습니다.

최대한의 양육 환경을 만들기 위해 노력하지만 안 되어서 차선을 택하고 차차선을 택할 수밖에 없다면, 이것을 인정하고 그다음은 그것으로 인해 생길 수 있는 부족함을 채우려는 태도가 필요합니다.

앞에서 언급했던 성호의 사례를 기억하실 겁니다. 몇 년을 떼어놓고 자주 못 보다가 집에 데리고 와서 양육을 시작할 때, 인정해야 하는 것이 있습니다. 아이와 시간을 많이 갖지 못했다면 아이와 부모와의 관계는 어쩌면 부모-자식이라는 '이름'만 남아있을 수 있다는 것입니다. 아무리 아이가 6세라고 해도 내가 6년 동안 돌보지 않았기 때문에 나와의 관계는 0세, 즉 신생아-부모와의 관계일 수 있다는 것입니다. 그렇다면 이제 새로 태어난 아이와의 관계를 만들어가려는 마음 자세가 필요합니다. 내가 키우지 않았는데 6세라는 아이와 모든 것을 시작하면 서로가 힘들어집니다. 내가 5살 때 데리고 오든 10살이 되어서 데리고 오든지간에 아이와 나 사이의 관계는 초짜입니다. 성호가 현재 몇 살이든 간에 부모-아이 사이의 관계는 갓 태어난 신생아와 부모와의 관계라는 것입니다. 부모 역할을 제대로 한 적이 없기 때문에 이제 아기를 낳아서 키우는 부모처럼 관계를 만들어가야 합니다. 처음 만난 사이처럼 얼굴 익히듯이 친해지려고 노력하는 것이 인정하는 태도입니다. 부모라는 이름으로 5년 전, 10년 전에 알았던 관계라 하더라도 이제 처음 새로 만나는 관계처럼 시작해야 합니다. 이것은 서로 얼굴을 알고 있다는 것이지 마음이 통할 만큼 친한 것은 아니거든요.

처음 만난 사람끼리는 서로에게 호감을 주려고 노력하지, 이것저것 고칠 것을 먼저 주문하지는 않습니다. 그런데 많은 사람들이 아이를 데리고 와서 내가 아이에게 줄 것_{요구}들을 생각합니다. '할머니 할아버지가 키워서 버릇이 없으니까 버릇을 잡아야 돼. 생활 습관이 안 되어 있으니까 바로잡자. 여태 학습을 하지 않고 방치되었으니까 내가 제대로 공부를 시켜야지' 등의 생각을 합니다. 이러한 것이 틀린 생각은 아니지만 순서가 바뀌었다는 겁니다. 현재 상태를 인정한다면 이 생각보다는 부모와 아이가 친해지는 것에 더 신경을 써야겠지요.

아이를 충분히 수용하고 아이의 욕구를 적절하게 받아들이고 난 후 그다음에 내가 요구할 것들_{행동 개선할 것 등}을 아이에게 요구해야 합니다. 많은 부모들이 떨어져 있었기 때문에 제대로 형성되지 못한 관계를 인정하지 않고, 무조건 고치기를 먼저 요구하기 때문에 요구 사항이 잘 받아들여지지 않고 실랑이를 하게 됩니다. 아무리 급하다 하더라도 급한 것만 처리하려 하면 원하는 것을 제대로 얻을 수 없습니다. 그런데도 실랑이나 실패를 하는 이유들을 생각하지 않고 화만 내고 속상해만 합니다.

부족함이 지속되면 구멍이 생깁니다. 그 구멍은 어떤 면에서 행동, 사회성, 정서적인 면, 생각 등등의 모습으로 표현이 됩니다. 부족함이 생길 수 있다는 것을 인정한다면 이러한 구멍 역시 인정하고 구멍 메우기 작업 역시 필요하다는 것을 인정해야 합니다. 앞에서 언급한 여러 행동들을 변화시키기 위해서 해야 하는 노력after service은 길고 지속적이어야 합니다. 한두 번 해보고 나서 아이가 바뀌고 변화되리라고 기대하지 말라는 것입니다. 한두 번 놀아줬다고 아이가 잠도 잘 자고 자기 할 일 잘하고 집에도 일찍 오고 행동이 달라지지는 않습니다. 맞벌이를 시작하면서 신생아 때부터 열심히 노력을 했다면 노력을 조금만 해도 변화가 있습니다. 만약 그렇지 않다면 시간과 노력이 오래 걸릴 수밖에 없다는 것을 수용하자는 것입니다. 병이 심각하면 할수록 치료 기간이 길어지는 것처럼 아이의 부족함이 오래되고 구멍이 많고 클수록 노력의 기간은 길어집니다. 인내가 필요하다는 것입니다.

★3★★ 맞벌이를 그만두었다면 초보 부모임을 인정하기

맞벌이를 하다가 아이 때문에 또는 여러 가지 이유로 그만두는 경우가 많은데, 적응하지 못하는 엄마들을 많이 봅니다. 눈길이 가정으로 돌아가야 하는데 익숙하지 않아서 계속 바깥으로 도는 사람들도 많습니다. 물론 익숙해지는 데는 시간이 필요합니다. 이것 역시 인정해야 합니다. 그리고 맞벌이를 그만 두었다고 금세 엄마 역할을 잘 할 수 있는 것은 아닙니다. 이것 역시 아이를 파악하고 집안일을 어떻게 해야 하는지를 시간을 두고 배워가야 하는 것입니다. 그런데 스스로 초보임을 인정하지 않다 보니 어떤 생각을 하게 되냐 하면 '이제 집에 있으니까 아이에게 올인하자' 라고 여겨서 조금이라도 빈틈이 보일 때는 불안해하고 뭔가 부모 노릇을 잘 못하고 있는 것으로 여깁니다. 당연히 제대로 되지도 않고 마음만 무겁습니다. 처음부터 너무 잘 할 수 없기 때문에 중요한 것은 우리 아이를 어떻게 잘 파악할 것인가에 초점을 두고 조금씩 지속적으로 노력하는 것입니다. 대신 주변 동네 아줌마들의 육아 방침들을 무조건 따르지 말고 이 방침이 우리 아이에게 도움이 되는지 매번 고민해보고 사용하는 것이 좋습니다.

그리고 부인이 직장을 그만두었다고 남편이 육아나 집안일에서 발을 빼는 경우가 많은데 이것은 부모 역할에 대해 오해하고 있는 행동일 수 있습니다. 맞벌이를 했기 때문에 도와야 하고, 맞벌이가 아니면 엄마 역할만 필요한 것은 아니라는 것입니다. 이것은 엄마 혼자 감당해야 할 일은 아니기 때문입니다. 아이들은 부모 모두가 필요합니다. 물론 마음의 여유는 가질 수 있겠지만 그렇다고 역할까지 빼면 안 된다는 것입니다.

★4★★ 맞벌이를 그만두었다고 걱정되는 문제들이 금세 해결되는 것은 아니라는 것 인정하기

호성이 엄마는 둘째가 생기고 큰 아이의 양육이 염려가 되어서 직장을 그만두었습니다. 그런데 호성이 엄마는 직장을 그만두었기 때문에 걱정되었던 문제들분리불안이나 떼쓰기 등이 금세 해결될 것이라고 생각을 했습니다. 처음에는 엄마의 존재만으로도 아이에게는 큰 힘이 되었습니다. 그런데 한두 달 지나면서 오히려 아이는 유치원에서 조금씩 문제를 보이기 시작했지요. 친구들과 잘 어울리지 못하고 쭈뼛거리는 행동들을 보인다는 것이지요. 그리고 집에서는 갈수록 부모 말을 안 듣기 시작했습니다. 온 집안의 골칫덩어리처럼 호성이가 행동을 했습니다. 나들이를 가거나 외출을 하면 꼭 호성이의 말도 되지 않는 고집들 때문에 기분이 나빠져 오는 날들이 허다했습니다. 호성이 부모는 과거의 맞벌이가 지금의 문제들과 연관성이 있다고 생각하지 못했습니다. 왜냐하면 엄마라는 존재만으로 아이의 모든 것을 채워주고 해결해줄 거라고 믿었지요. 하지만 그 믿음과는 달리 사사건건이 아이와 부딪치게 되고 시끄러워지는 일들이 많아졌습니다.

과거의 3~4년 동안 아이를 제대로 못 돌본 기간이 있었다면 어쩌면 배 이상의 시간이 필요할 수 있습니다. 그리고 노력도 남들 지내듯이 평범하게 지내는 것이 아니라 과거의 빈자리를 채우려는 노력들이 필요합니다.

많은 엄마들이 맞벌이를 그만두고 나서 우리 아이와 나 사이는 많이 가까워졌다고 여깁니다. 물론 현재는 가까울 수 있습니다. 그래서 안심하지요. 그런데 단순히 가까운 사이가 과거의 부족함을 다채우지 못하는 경우를 많이 봅니다. 빈자리 메우기 작업은 지금 잘 지내는 것 이상을 요구한다는 것입니다. 좀 더 아이의 욕구에 적극적으로 반응해야 하고 좀 더 관심과 사랑을 표현하는 빈도가 잦아져야 할지도 모릅니다.

★5★★ 형제관계가 원만하지 않을 수 있다는 것 인정하기

맞벌이 때문에 아이가 둘일 경우, 한꺼번에 다 키울 수가 없어서 한 아이를 양가 부모님에게 맡겨놓았다가 조금 크면 유치원 들어갈 나이가 되면 데리고 오는 경우들이 꽤 있습니다. 그런데 이런 상황에서 기존에 있었던 아이는 데리고 온 아이로 인해 경계를 하게 되고, 데리고 온 아이는 낯설다는 느낌 때문에 선뜻 가족의 울타리로 들어오지 못

합니다. 그러다가 시간이 조금 흘러가면서 두 아이는 서로가 사랑의 경쟁자임을 깨닫고는 지나칠 정도의 싸움이 시작됩니다. 그래서 부모가 야단을 쳐보고 여러 가지 방법을 다 써보지만 사실 해결이 잘 되지 않습니다. 아이들 입장에서는 충분히 으르렁거릴 수 있는 상황입니다.

그런데 이것을 아이들이 생각이 없다거나 나쁜 아이의 마음을 가졌다는 식으로 대하면 아이들 둘 다 상처를 받기 쉽다는 것을 꼭 기억해야 합니다. 아이들에게는 생존의 문제이며 사랑의 쟁탈전이기 때문입니다.

이러한 것들을 인정하지 않으면 자꾸 야단이나 꾸지람으로 아이들을 대하는 태도가 많아집니다. 뿐만 아니라 맞벌이를 하다가 동생이 생겨서 맞벌이를 중단하는 경우도 비슷할 수 있습니다. 큰아이는 큰아이대로 그동안 고팠던 엄마를 차지해야 하고 동생은 동생대로 엄마 품에 있어야 하기 때문에 싸움이 많아지게 됩니다.

형제관계가 원만하지 않을 수 있다는 것을 인정하는 태도는 어떤 것일까요? 우선 부모 마음에 들게 행동하는 아이의 편에 서려는 태도를 조심해야 합니다. 표면적으로는 부모 마음에 드는 아이의 행동이 올바르다고 느낄 수 있습니다. 하지만 부모 마음에 들지 않는 아이는 사랑의 소외감에서 오는 것들을 적절하게 표현하지 못해서 그럴 수 있다는 것입니다.

그렇기 때문에 형제관계에서 실랑이가 생길 때는 부모가 그 상황에 개입해서 옳고 그름을 판단해서는 안 됩니다. 옳고 그름을 판단해서 야단을 치다 보면 매번 야단맞는 아이가 야단을 맞게 될 것입니다. 그래서 그 아이는 계속 형제관계에서 분노를 가지고 있게 되고 사소한 것들로 시비가 붙을 수 있습니다. 또한 둘 사이의 실랑이에 부모가 개입을 하면 오히려 더 상황이 나빠질 수 있기 때문에 최소한의 개입을 하는 것이 필요합니다. 둘이 싸운다면 싸움 자체를 제지하는 것이 필요하겠지요. 둘을 떼어서 각 방으로 보내어서 감정을 삭히게 하는 것도 좋습니다. 아니면 그렇게 위험한 싸움이 아니라면 그냥 싸우게 내버려 두십시오. 형제관계의 싸움은 때론 타협을 배울 수 있는 좋은 상황이 되기도 합니다. 그리고 누군가 와서 부모에게 고자질을 하거나 억울하다고 운다면 귀를 열어 들어주시고, '너 많이 속상하겠다' 라는 수준으로 반응하십시오. 우는 아이를 달래되 '누가 그랬는지'를 따지는 태도는 별로 좋지 않습니다. 한쪽이 울면서 하소연을 하면 다른 한쪽은 여러 가지 변명을 하겠지요. 그 변명도 그냥 그렇게 들어주십시오. 잘잘못을 평가해가면서 듣지 마시고 말입니다.

두 아이 모두 충분히 관심이 필요한 아이이기 때문에 같은 마음으로 품어주려는 태도를 보여야 합니다. 마음에 드는 행동을 하는 아이 쪽으로만 기울지 마시고 그렇지 않은 아이를 안쓰럽게 여기면서 말입니다. 그리고 사랑에는 우선순위가 있습니다. 큰아이에게 충분한 사랑을 흘려보낼 수 있도록 노력하십시오. 사랑의 양은 같지만 사랑의 우선순위를 두고 말입니다. 그러다 보면 사랑 받은 큰아이가 동생을 여유 있게 보살필 수 있습니다.

때론 둘 사이의 싸움이 있을 때 큰아이에게 '너 동생 때문에 힘들지?' 라는 말로 위로해보십시오. 그러면 자기 마음을 알아준다는 이유로 마음이 느긋해질 수 있습니다.

문제 해결의 지름길은 현 상태를 인정하는 것

앞에서도 계속 강조했지만 지금 현 상태를 인정하는 것이 문제 해결을 하는 데 지름길일 수 있습니다. 많은 부모들이 문제들을 분석만 하고 걱정은 하는데 그 걱정을 덜기 위한 행동들은 하지 않습니다. 그것은 현 상태를 진정으로 인정하지 않았기 때문이라고 생각합니다. 사람들은 어떤 문제들이 생기면 분석하고 따지기를 좋아합니다. 특히나 아이 문제와 관련되어서는 의도적이든 아니든 간에 남 탓을 많이 합니다. 누구 때문인지 따져서 아이가 좋아지고 상황이 달라진다면 따져야겠지요. 그런데 따지면 해결책이 나오지 않고 감정만 상하게 됩니다. 부모로서 내가 어떤 역할들을 했고 어떤 것이 부족했으며, 아이의 모습이 어떠한지를 파악하고 이것을 인정하는 것이 문제 해결의 시작이라는 것입니다.

인정한다는 것은 어떻게 보면 무척이나 쉬울 것 같지만 아이를 키우는 부모 입장에서는 가장 어려운 일일 수 있습니다. 왜냐하면 문제 행동들이 눈에 먼저 들어오고 속상함과 답답함이 먼저 나를 짓누르기 때문에 화가 나고 어떤 식으로든 고쳐보려고 시도하게 됩니다. 그래서 문제는 더 악화되지요.

뿐만 아니라 현재 아이가 당장 해야 하는 것^{숙제 공부 등}들이 있기 때문에 뭔가 문제가 있음을 인정한다 하더라도 변화를 위한 행동으로 옮기는 것은 쉽지 않습니다. '알지만 어떻하냐'고 말합니다. 아이가 공부보다 부모와 놀기를 좋아하는 것은 알지만, 공부는 해야 하기 때문에 억지로 공부를 하도록 합니다. 하면서도 '이게 아닌데' 싶지만 손을 못 놓습니다. 아이와 관계가 더 악화되어가고 걱정거리는 늘어가는 것 뻔히 알지만 행동으로 옮기기 쉽지 않다는 것입니다.

인정하지 않으면 문제를 더 키울 수밖에 없다는 것을 명심해야 합니다. 자꾸 실랑이하고 야단을 치다 보면 더 나빠지기 때문입니다. 지금 현재를 인정하는 마음 중 가장 중요한 것은 지금 당장 해야 할 것이 아니라 '정말 필요한 것들을 채우려고 노력' 하는 것입니다. 인정하는 태도는 현재 아이가 맘에 안 드는 행동을 하고 있다면 그 행동을 바꾸기 위한 노력 이전에, 채워주는 작업을 먼저 한 후에 그 행동을 바꾸어보려고 노력하는 것입니다.

아주 적은 시간이라도 확보하라

맞벌이 부모에게 가장 아쉬운 부분이 시간입니다. '시간이 조금만
더 있다면…'이라는 바램을 자주 갖게 됩니다. 그러나 어떻게 하겠
습니까? 시간은 정해져 있으니, 어떤 식으로든지 나누어 쓸 수밖에
없습니다.

시간 확보라는 것은 부모와 아이가 같이 할 수 있는 시간을 어떤
식으로든지 가지라는 것입니다. 시간이 없는데 어떻게 확보를 하라
는 것이냐고 부담스러워 할 부모도 있을 것입니다. 그러나 꼭 필요
하다면 확보를 하려는 노력이 필요할 것입니다.

바쁘다는 핑계에 빠지지 마라
시간을 확보하라는 요구는 맞벌이 부모에게 가장 부담스러운 요

구라 할 수 있습니다. 퇴근하고 왔더니 집안은 어질러져 있고, 얼른 밥해서 먹고 아이 숙제 챙겨야 하고 재워야 하는데 또 다른 시간을 확보해야 한다는 것이 사치스러운 생각으로 여겨집니다. 물론 충분히 공감이 가는 상황이긴 합니다. 그러나 아무리 바쁘다고 해도 할 것은 해야 하지 않을까요. 자녀에 대한 생각을 '해야 할 것'으로 여긴다면 바빠도 시간을 낼 것입니다. 다른 사람들을 만나서 인간관계를 넓혀가는 것이 꼭 필요한 일이라고 여기는 것처럼 자녀와의 관계에서 시간 역시 그 만큼 중요하다는 것입니다. 바쁘다고 하지만 정말 마음이 있다면 하고 싶은 것은 누구나 다 합니다. 어떤 식으로든지 방법을 강구한다는 것입니다. 아무리 피곤해도 집에 와서 신문보고 저녁 늦게까지 TV 프로그램을 보는 아빠들도 많이 봅니다.

형편대로 맞추어 살아야지 굳이 스트레스 받아가면서 살 필요가 있냐고 하면 할 말은 없습니다. 그런데 시간을 확보하는 것을 대수롭지 않게 여기다 보면 아이와 같이 할 시간이 없게 되고, 이로 인해 아이의 마음이 허전하고 공허해질 수 있습니다. 그래서 스스로 해야 할 일들을 하지 못하고 부모의 신경을 거슬리는 여러 가지 문제들을 일으키게 되지요. 이를 편안하고 여유 있게 이해하고, 화내지 않으면서 견딜 재간이 없다면 시간을 만들어야만 합니다.

사람과 사람 사이의 관계에 있어서 시간을 공유한다는 것은 정말 중요한 핵심요소입니다. 사회생활에서의 기본이 다른 사람들과 시간을 공유하는 것이 필수라는 것은 인정할 것입니다. 그래서 만나서 술자리도 갖고 식사도 하지 않습니까? 아무리 좋은 감정을 가지고 있다 하더라도 시간을 공유하지 않으면, 나누지 않으면 그 감정은 점점 스러집니다. 연애의 감정도 마찬가지지요. 많은 연인들이 좋은 감정으로 만남을 갖지만 서로 같이 하는 시간이 줄어들면^{바빠서 그렇다는} ^{것을 이해하는 마음은 있다 하더라도} 그 감정들은 줄어들 수밖에 없습니다. 이것은 부부간에도 마찬가지이며 아이와의 관계에도 같은 법칙이 적용됩니다. 직장생활에서 만나는 사람들이 중요한 만큼 가족들과의 관계도 중요합니다. 특히 관심을 많이 받아야 하는 자녀의 경우에는 훨씬 더 중요하고 신경을 써야겠지요.

관계가 형성되었다는 것은 서로가 어떤 기대를 하게 된다는 뜻입니다. 그렇기 때문에 상대방에게 자신이 기대한 것을 요구합니다. 부모 입장에서는 나이에 맞는 행동을 요구할 수 있고, 아이는 자신의 마음에 드는 사랑법으로 사랑해주기를 원합니다. 공유하는 시간이 적었을 때는 원하는 기대가 서로 상반될 때, 서로를 이해할 수 없고 타협이 제대로 되지 않습니다. 그래서 부모는 아이에게 야단과 잔소리로 통제하려 하고, 아이는 이것저것 떼를 쓰거나, 나이보다 어린 행동을 하거나, 반발하는 것으로 자신의 의사를 표현하는 상황이 연출될 수밖에 없습니다.

내가 가지고 있는 마음은 그냥 전달되는 것은 아닙니다. 어떤 식으로든 상당히 가시적인 상황으로 표현되어야만 전달이 됩니다. 자녀를 사랑하고 있다는 마음은 모든 부모가 가지고 있지만 제대로 전달되지 않는 경우가 많습니다. 표현하지 않으니 전달될 수가 없지요. 그러다 보니 아이는 사랑을 받지 못하고 있다고 여기게 되고 부모는 이러한 아이의 마음오해을 알게 되면 속상해합니다.

오해 받지 않으려면, 내가 가진 마음이 제대로 전달되기 위해선, 시간의 공유가 필수적입니다. 많은 부모님들이 '내가 얼마나 많이 사랑하는데…'라고 하지만 자녀들은 '엄마는 맨날 나만 혼내. 나만 미워해. 아빠는 관심도 없어'라고 표현합니다. 이런 경우 서로 다른 생각을 하는 동상이몽의 관계는 표현을 제대로 못했거나 안했거나 둘 중 하나입니다. 사랑과 관심을 표현하는 데 가장 기반이 되는 것은 말로 사랑한다라고 표현하는 것이 아닌 '시간을 공유'하는 것입니다.

사랑은 거리의 제곱에 반비례한다고 합니다. 이것은 물리적인 거리가 멀어지면 같이 할 시간이 적고 같이 할 시간이 적으면 사랑은 줄어든다는 것을 의미합니다. 부모-자식 사이에도 같은 공식이 존재합니다. 많은 경우 부모-자식 핏줄로 맺은 인연이 좋은 감정을 보장해줄 것으로 착각을 하는데 그것은 착각이며 오해일 뿐입니다. 시간을 확보하지 않으면 이름만 남은, 껍질뿐인 관계가 됩니다. 이러한 관계는 여기서 끝나는 것이 아니라 서로에게 아픔과 상처를 줄 수 있습니다. 좋은 감정이 계속 이어지지 않으면 아이는 그 관계 속에서 먹고 자랄 양식이 없는 것과 같이 속이 허전하게 됩니다. 이로 인해 아이는 허전한 마음을 채우려고 바깥으로 돌기도 하고 나쁜 친구들과 사귀기도 하고, 부모의 말을 안 듣는 문제 행동들을 하게 됩니다. 이러한 상황이 생기면 부모의 마음 역시 아프고 속상하고 편치 않게 되지 않습니까?

정말 중요하다고 생각하는 사람과는 좋은 관계를 만들려고 할 것입니다. 아이가 부모에게 얼마나 소중한 존재입니까? 그렇다면 좋은 관계를 만들기 위해 필수적으로 시간을 같이 나누어야 할 것입니다.

하루 24시, 시간 확보를 위한 기술

★1★★ 우선순위 정하기

중요한 것과 급하게 해야 하는 일 가운데서 맞벌이 부모는 중요한 것과 급한 것을 같은 수준으로 받아들이는 것 같습니다. 모든 것이 급하게 처리해야 하는 것처럼 보이고 그래서 항상 하루를 땜질하듯이 지나가는 경우들도 있습니다.

수진이 부모는 퇴근하고 나서 가장 먼저 하는 것이 청소와 저녁입니다. 빨리 집을 치우고 밥을 먹어야만 뭔가가 제대로 돌아갈 것 같아서 매번 이것을 먼저 합니다. 그런데 수진이는 부모가 퇴근하고 오면 기다렸다는 듯이 오늘 있었던 일을 조잘대며 이야기하려고 합니다. 엄마가 이 방 저 방 다니면서 치울 때 수진이는 엄마 치맛자락을 붙들고 이야기 합니다. 그런데 청소기 소리에 때론 아이의 이야기를 제대로 듣지 못할 때도 있고, 빨리 청

소하려는데 옆에 와서 거치적대는 아이가 귀찮아서 매번 나중에 이야기하라고 합니다. 그래서 수진이는 오늘도 토라지게 되고, 그러다가 밥 먹고 얼른 재우려는 엄마와 실랑이를 하다가 잠을 잡니다.

그러다 보니 수진이는 유치원이든 어디든 간에 자신의 말을 끝까지 들어주기를 원했습니다. 유치원 수업시간에도 자꾸 말을 하게 되고 친구와도 조잘대고 누구를 만나도 말을 많이 하는 아이가 되었습니다. 이렇게 변하는 수진이를 보는 부모는 '너무 시끄럽고 귀찮은' 아이가 되는 것 같아서 걱정이 되었습니다. 유치원에서도 자기 말을 들어주지 않는다는 생각이 들면 자주 토라지고 울다 보니, 선생님께서 부모에게 걱정스럽다는 말을 하게 되었고 상담을 하게 되었습니다. 친구들과도 놀기보다 말을 많이 하려 하다 보니 친구들이 말을 제대로 들어주지 않는다는 것이지요.

상담에서 가장 개선의 초점이 된 것이 아이와의 시간을 확보하는 것이었습니다. 그래서 수진이 부모는 '중요한 것'과 '바쁜 것'에 대한 우선순위를 고민해야 했습니다. 청소와 식사에 대한 것과 수진의 이야기를 들어주는 것에 대해서 우선순위를 정해야만 했던 것이요.

먹는 것이 아무리 급해도 수진의 이야기를 들어주는 것이 중요하다고 여겨서 청소하는 것은 1주일에 한두 번 도우미의 도움을 받기로 했고, 그 외에는 수진이와 같이 청소를 하면서^{엄밀히 말해 수진이가 청소를}

도와주는 것처럼 수진이의 이야기를 듣기로 했습니다. 저녁식사도 간편하게 먹을 수 있는 것을 하기도 하고 수진이와 같이 저녁 준비를 하면서 이야기를 많이 나누었습니다. 이렇게 하다 보니 당장 집안일이 제대로 돌아가지 않아 어려움이 있을 거라고 여겼지만, 생각처럼 문제가 되지도 않았고, 수진이에게도 변화가 나타났습니다. 여전히 말하는 것을 즐기기는 했지만 때론 양해를 구하고 조금 있다가 얘기하자고 할 때에도 타협이 되었던 것입니다. 뿐만 아니라 유치원에서도 말로 인해 상처받는 것들이 현저하게 줄어들게 되었습니다.

학령기 아이의 경우는 그날 해야 할 숙제와 학습에 대한 것들로 저녁 시간을 채워야 할 때도 있습니다. 부모들은 아이가 숙제를 다 해놓기를 바라지만 아이들은 부모가 와서 확인을 해야 숙제를 겨우 하고, 때론 숙제는 뒷전이고 놀기를 바랍니다.

아이의 학습적인 것과 아이가 부모와 재미있는 활동을 하는 것을 원할 때 어떤 것이 더 우선입니까? 물론 그날 해야 할 숙제가 우선이 되는 경우가 태반일 것입니다. 이것은 틀린 것은 아니지만 매일 숙제가 있기 때문에 그렇게 지내다 보면 매일 학습적인 것만 하게 됩니다. 그러나 현재 아이의 놀이 욕구가 너무 커서 거부가 심하면 우선시해야 될 것들이 달라져야 합니다. 그렇게 하지 않으면 학습에 대한 거부가 더 심해지고 금세 끝날 공부도 시간이 오래 걸립니다.

많은 부모들이 공부를 하지 않아서 실력이 없다고만 여기는데 물론 이 말도 맞습니다. 하지만 공부하기 싫어서 실력이 생기지 않는 경우가 있음도 인정해야 합니다. 공부하기 싫다는 것은 공부에 대한 동기가 없음을 의미하는 것이고, 동기를 만들지 않으면 학습 자체를 거부하게 되겠지요. 그럼에도 불구하고 학습에 대한 동기를 만들어 주는 것이 무엇인지 고민하기보다 끊임없이 실랑이하고 야단치는 실수를 계속 반복합니다. 우선을 정하는 것은 한편으로 보면 용기이며, 미래를 내다보는 행동이기도 합니다. 눈앞의 것에만 급급해서 그 일을 처리하다 보면 나중에 아이에게 기대했던 것과는 다른 모습들을 만나게 됩니다.

현재 아이가 학습을 도와주지 않아서 학습을 하지 못하고 있습니까? 아니면 학습보다 놀고 싶은 욕구가 많아서 학습이 되지 않고 있습니까? 아이의 상태를 먼저 점검해보십시오. 만약 내가 도와주지 않아서 학습을 하지 못한다고 여겨지면 학습적인 부분에 신경 쓰는 것이 당연하겠지만, '놀고 싶은 욕구'를 채우지 못해서 그렇다면 욕구 채우기를 우선으로 두고 신경을 써야 하지 않을까요?

아이들이 어릴수록 집안일이 우선이 될지 아이의 욕구 받아주는 것이 우선이 될지 정해야 합니다. 퇴근하고 집에 들어가면 엄마는 집안일을 얼른 하고 밥도 먹고 치우고 난 뒤에 아이의 욕구를 들어주려 합니다. 그런데 아이가 어릴수록 '나 먼저' 봐달라고 요구를 많이 합니다. '놀아줘, 엄마 이것 봐봐, 여기 앉아서 같이 놀아, 엄마 엄마…' 귀가 멍할 정도로 불러대니 얼마나 짜증이 날까요? 이런 상황에서 무엇을 먼저 해야 하나요? 아이가 어리다고 요구를 지연시키기보다 우선 아이의 욕구를 먼저 받아주면서 집안일을 뒤로 하는 것이 필요합니다. 때론 부부가 같이 의논하여서 '저녁 반찬 수를 줄인다든지, 청소를 뒤로 미루던지' 하는 식으로 집안일을 최소한으로 하는 것이 필요합니다.

아이의 욕구를 미루면 시간이 흘러가고 그 후엔 시간을 내서 하고 싶어도 다시 그 시절로 돌아오지 않습니다. 단지 그 시절이 돌아오지 않는 것만이 아니라 아이가 못 받은 욕구를 이자까지 배로 요구할 수 있기 때문에 시기를 놓치지 않는 것이 나중에 더 도움이 됩니다.

★2★★ 무조건 시간 정하기

맞벌이 부모의 사정을 고려하지 않은 것으로 받아들일지 모르지만 같이 하는 시간이 아이의 정서적인 활력소가 되고 성장의 필수조건이라면 꼭 해야 하는 것이기 때문에 '무조건'이라는 단어를 사용하고 싶습니다. 아무리 급해도 화장실은 가지 않습니까? 화장실 가는 것을 미루거나 안 가지 않는 것처럼 아이와의 시간도 그 수준으로 정하십시오.

시간을 정하는 것에 갈등이 있다면, 시간 정하는 것에 아이가 우선순위에서 밀려난다면, 그것은 자녀와의 관계가 중요하다는 것을

인정하지 않는 것입니다. 정말 중요하게 여긴다면 시간을 정할 수 있습니다. 매일 10분이어도 좋고, 이틀에 한번씩 10분이어도 좋습니다. 때론 매주 토, 일을 아이와의 시간으로 할애를 하겠다고 생각을 해도 상관없습니다. 우리가 중요한 사람을 만나거나 중요한 일에는 스케줄에 표시를 하지 않습니까? 마찬가지로 우리 아이들과 시간을 같이 가지는 것이 중요하다고 여긴다면 스케줄 안에 포함시키십시오. 우리 아이는 내가 만나는 어떤 사람보다 더 중요한 VIP 고객입니다.

너무나 바쁜 맞벌이 부모들을 상담을 하다 보면 가장 뒷전에 밀려나 있는 고객이 아이들임을 많이 느낍니다. 맨 뒤에 있는 고객은 시간이 나면 만날 수 있고 그렇지 않으면 그 다음날로 미루게 됩니다. 별미안함이나 죄의식 없이 말입니다. 너무나도 바쁜 분들에게 VIP고객을 어떻게 대하는지 질문을 하면 아이를 대하는 정답이 나옵니다.

기진이 부모도 직장일 때문에 무척이나 바쁩니다. 아이와 시간을 내기 위해서 여러 가지 묘안을 짜내었지만 별로 떠오르는 생각이 없었지요. 그런데 아이 문제가 심각하다고 느끼기 시작하면서부터 부모의 기상천외한 아이디어들이 떠오르기 시작했습니다. 우선 직장일과표에 '아이와 통화하기'라는 시간을 5분 정도 넣었습니다. 그래서 이 시간에 고객들을 대하듯이 기진이 부모는 아이와 통화했지요. 그리고 저녁에 식사 후에 10분 정도 산책을 하는 시간을 이틀에 한 번 정도 넣었습니다. 무슨 일이 있더라도 하겠노라 스스로 결심하면서 말입니다. 그리고 잘 때도 옆에 누워서 이런 저런 이야기를 나누는 시간을 부부가 매일 번갈아 가면서 하기로 했습니다. 가끔은 아이의 하교 길에 잠깐 나가서 기다려보기도 하고 말입니다. 기진이 아빠는 일주일에 한두 번씩 신경을 써서 일찍 들어와 기진이가 좋아하는 인라인스케이트를 타기로 했습니다. 방학 때는 부모가 번갈아 가면서 가끔 점심을 아이와 같이 먹으려고 시간을 정했습니다.

기진이 부모처럼 각자 가정에 맞게 어떤 식으로든 시간을 정하는 것이 필요합니다. 5분이든 10분, 30분이든 간에 할 수 있는 시간을 마음속에 정하는 것, 이것을 해보는 것입니다. 하루 일과 중에 아이와 보낼 시간을 정하는 것도 필요합니다. 그리고 일주일 단위로 아이와 같이 시간 보낼 수 있는 계획도 필요하지요. 뿐만 아니라 한 달 단위의 계획과 분기별 계획도 필요합니다.

기진이 부모의 계획표를 볼까요? 물론 같이 하는 활동의 내용은 상황에 따라 바뀌기도 합니다

- 매일 단위의 계획 – 매일 3시에는 아이와 통화하기, 저녁 식사 후 산책 10분 정도, 저녁마다 부모가 번갈아가며 재워주기
- 주 단위 계획 – 격주 금요일 저녁에 부모와 보드게임하기, 이날은 1시간 늦게 자고 거실에서 식구들 다 같이 자기, 아빠와 인라인 스케이트 주 2회 타고 놀기, 토요일은 최소한 4시간 이상은 아이와 같이 지내기, 아빠와 목욕탕 가기
- 월 단위 계획 – 한 달에 한 번은 잠깐 짬을 내어 아이 하교 시간에 나가 기다리기, 격주 노는 토요일은 기진이가 좋아하는 영화 보기, 찜질방 가기
- 여름, 겨울 방학 휴가 동안 친척들 만나거나 산, 바다로 놀러가기

어떻게 보면 별것 아닌 것처럼 보이고 누구나 다 하는 것 같지만, 사실 이런 것들을 가끔 하기 때문에 문제가 될 수 있는 것입니다. 그

리고 시간 나면 하는 것이 문제지요. 이것은 시간이 나서 하는 것이 아닌 시간을 내서 해야 합니다. 기진이 가족의 예처럼 똑같이 해야 할 필요는 없습니다. 이 시간을 확보하려고 노력했던 기진이 부모처럼 노력하려는 모습이 더 중요합니다. 뿐만 아니라 시간을 확보하는 것에서 또 하나 강조되어야 할 것이 일회성이 아닌 지속성입니다. 얼마나 긴 시간동안 아이와 시간을 같이 하느냐도 중요하겠지만 얼마나 자주 시간을 갖느냐가 더 중요합니다.

부모가 아이와 시간을 가지는 것은 의무이긴 하지만, 의무 이전에 자녀와 함께 할 수 있는 시간이 짧고 정해져 있기 때문에 '시간 나면'이라고 미루다가는 아이는 어느새 커버리고 부모 곁을 떠나는 시기가 옵니다. 이때 아이와 뭔가를 해보려 하면 부모가 거절당하기 십상입니다. 뒤늦게 다 커버린 아이와 대화를 해보려고 시도하다가 핀잔만 듣고 무안당하여 속상해하는 부모를 많이 봅니다. 그때는 곁에 다가가고 싶어도 쉽지 않습니다.

이런 시간 투자를 별로 하지 않은 부모일수록 아이가 성장하면 할수록 이상하게도 자녀에게 의존하려는 경향들을 보이고, 이 자녀들은 과거에 채워지지 않았던 마음으로 인해 분노와 의무감으로 부모를 대하는 경우를 많이 봅니다. 물론 자녀와 시간을 가지라고 하는 것은 노년을 위한 준비작업- 즉 자식들이 나의 노후를 편안하게 모시기를 위해서- 하라는 것은 절대 아닙니다. 그 이전에 아이가 부모에게 못 받았다고 여기는 속상함과 서운함은 성격 형성에 영향을 줄 뿐 아니라 그러한 성격들이 때론 어른이 되어 자신이 처해 있는 상황에 부정적으로 영향을 주기 때문이기도 합니다. 그리고 앞에서 언급한 여러 가지 문제들을 만들기도 합니다.

애써 쪼갠 시간, 어떻게 활용할까

★1★★ 현재 보내는 시간을 점검해 보라―관찰

우선 지금 아이와 보내는 시간들을 관찰해보십시오. 매일 아이와 시간을 얼마나 같이 하며, 뭘 하고 지내는지 말입니다. 그래야만 뭐가 부족하고 뭐가 넘쳐나고 있고 어떤 것들을 더 해야 할 지 알 수 있을 것입니다. 현재 아이와 같이 하고 있는 시간들이 어떻게 사용되고 있는지를 살펴보십시오. 아이와 시간을 같이 하는데 재미있고 즐겁게 보내는지, 아니면 습관이나 버릇을 만들기 위해 훈계와 야단, 잔소리하는 시간이 많은지도 함께 관찰하는 것입니다.

점검을 하는 포인트는 아이가 재미있어하고 원하는 것들을 같이 하는 시간이 얼마나 되는지를 찾는 것입니다. '부모가 원해서 아이와 같이 시간을 보내는 것'과 '아이가 원해서 같이 하는 것'을 비교해보십시오. 부모가 원하는 것과 아이가 원하는 것이 일치하면 가장 이상적일 것입니다. 그런데 많은 경우 일치하지 않는 것이 정상이라

고 할 만큼 아이와 부모는 서로 원하는 바가 다릅니다.

　많은 부모들이 관찰을 하고 나서 하는 말은 '별로 하는 게 없어요' 입니다. 그리고 같이 한다는 것이 숙제를 시키거나 공부 시키는 것에 많은 시간을 할애하고 있고, 학령전기의 아이들은 씻기고 먹이고 재우는 것에 더 시간을 많이 쓰고 있다는 것입니다. 이유는 '너무 바쁘고 시간이 없어서' 그렇다는군요.

　초등학교 1학년 여자아이인 지수의 부모가 관찰한 것을 볼까요. 2주 동안 관찰한 것이 다음과 같은 내용입니다.

매일 학원 시간 챙겨서 보내느라 전화를 하고, 숙제 해놓으라고 채근하는 전화도 합니다. 그리고 저녁에는 못다 한 숙제를 하거나 준비물을 챙기고, 지수가 원해서 같이 TV 프로를 봅니다. 아침에 일어나게 하느라 매일 야단치고 잔소리를 했고 토요일은 외식한 뒤 집에서 쉬었습니다. 그리고 지수가 사달라는 것을 사러 마트에 한 번 갔다 왔습니다.

지수 부모에게 2주 동안 지수와 같이 한 시간들에 대해 평가를 하게 했더니 즐거운 시간과 그렇지 않은 시간의 비율을 3 : 7정도라고 했습니다. 3 : 7의 비율에는 지수가 원하는 시간이 훨씬 적다는 것을 의미합니다. 이것은 지수가 행복하고 즐겁게 보내는 시간이 적다고 할 수도 있습니다. 지수 부모가 관찰한 것을 보면 아이가 기분 좋고 행복해하는 것들 중에는 지수가 그림을 그려서 부모에게 설명을 하는 것이 포함되어 있었습니다. 그런데 이것이 귀찮아서 그동안 해주지 않았습니다. 그리고 저녁에 책 읽어주는 것을 무척이나 좋아했지만 빨리 재우려고 되도록 책을 읽어주지 않았지요.

관찰을 할 때는 현재의 시간들이 어떻게 쓰이는가에 대한 것과 더불어서 '아이가 어떤 상황에서 좋아하고, 어떤 때 기분 좋아하며, 어떻게 지낼 때 행복해하는지'에 대한 관찰도 필요합니다. 즉, 아이가 원하는 것이 무엇인지에 대한 관찰이지요. 이 관찰은 아이를 행복하게 하고 기분 좋게 만드는 비율을 높일 수 있는 방법이 전제되어 있습니다. 뭘 좋아하는지를 알아야만 기분 좋게 만들 수 있기 때문입니다.

그래서 지수 부모는 귀찮고 피곤했지만 저녁마다 그림을 그려서 설명하는 것을 들어주려고 노력을 했고, 책도 읽어주려고 했습니다. 그랬더니 지수가 정말 기분 좋아하는 것을 느꼈지요. 지수가 기분이 좋아지면서부터 부모와의 대화가 훨씬 더 쉬워지고 부모의 말에 대해 들으려고 하는 태도도 많이 나아졌지요.

관찰을 해보니까 시간이 없다구요? 아무리 시간을 내려 해도 잘 안 된다구요? 그렇다면 이 부분의 관찰을 해보십시오. 너무 바빠서 혼낼 시간조차 없는지 말입니다. 아무리 시간이 없어도 야단 칠 시간은 있습니다. 이 말은 한편으로는 시간이 없어서 뭘 못한다는 것은 변명일 수 있다는 것입니다.

아마 많은 경우 부모들이 '하고 싶어 하고, 했으면 하는 것' 들로 채워져 있음을 알게 될 것입니다. 유치원 전단계의 어린이를 둔 부모는 얼른 재우기를 원할 것이고, 학령기 아이들을 둔 부모는 숙제 챙기는 데 신경을 주로 쓰는 경우가 많을 것입니다. 물론 부모가 하고 싶어 하는 것들이 필요 없는 것은 아닙니다. 하지만 아이와의 관계를 좀 더 친밀하게 하고 더 나은 관계를 만들기 위해서는 아이가 원하고 재미있어 하고 즐거워하는 것들을 잘 관찰하여서 그 비율을

높이는 것이 중요합니다.

★2★★ 아이 연령대에 맞게 시간을 같이 하라-눈높이 맞추기

시간을 같이 보내는 것도 아이의 연령대에 따라서 다를 수 있습니다. 돌 전의 아이와는 도리 도리 짝짝꿍처럼 얼굴 맞대고 재미있게 웃고 안아주고 얼러주고 아이에게 행복한 부모의 얼굴을 보여주면 아이는 대만족일 것입니다. 그러다가 돌이 지나서는 저녁시간이라도 부모와 같이 바깥에 나가서 걷기도 해보고 같이 뒹굴면서 놀아주는 것도 필요하겠지요. 같이 뒹굴면서 씨름도 하고 아이를 발 위에 올려놓고 비행기를 태울 수도 있고, 좋아하는 놀이를 같이 해주는 것도 좋습니다. 걷기 시작한 이후에는 학교 들어가기 전까지 바깥 활동을 많이 하는 것도 아이에게 도움이 됩니다.

그러다가 아이가 점점 커갈수록 아이가 보이는 관심 분야가 달라지고 다양해지면 거기에 맞추어서 관심을 보여주고 즐겨주고 놀아주면 됩니다. 아이가 어떤 것에 관심을 보입니까? 곤충입니까? 아니면 그림 그리는 것입니까? 책을 읽는 것입니까? 소꿉놀이입니까? 이러한 것들을 잘 파악해서 좋아하는 것을 같이 재미있어 해야 합니다. 내가 아이의 호기심을 만들어주고 꺼집어내려 하기보다 아이가 어떤 것에 관심 있어 하는지를 알아서 그것에 대해 아이의 질문이나 행동에 반응해주는 것이 더 나은 방법입니다.

그러다가 궁금해하는 것이 많아지고 하고 싶은 말이 많아지면 많이 들어주면 되고, 거기에 '그래? 그런 것도 알고 있었구나?'와 '정말 궁금한 것이 많구나!' 등등의 말로서 반응을 해주는 것도 같이 시간을 나누는 것입니다.

눈높이를 맞추는 것은 신체적인 연령 뿐 아니라 아이의 정신 연령도 같이 맞출 필요가 있습니다. 어떤 아이들은 자기 연령에 맞지 않는 장난감을 가지고 노는 것을 즐길 수도 있습니다. 때론 좋아하는 것 한 가지에만 집착할 수도 있습니다. 이러한 것들을 고치려 하지 말고 아이가 좋아하는 활동에 같이 참여하는 것도 시간을 같이 하는 것입니다.

눈높이를 맞춘다는 것은 내가 생각하는 눈높이가 아니라 아이가 원하는 활동에 눈높이를 맞추는 것입니다. 어떤 놀이를 하면 아이가 즐거워합니까? 어떻게 이야기를 하면 아이가 좋아합니까? 대화할 때 부모가 어떤 태도를 보이면 아이는 좋아합니까? 어떤 것을 같이 해주면 아이는 행복해합니까? 이런 질문들을 수시로 스스로에게 하면서 아이와 같이 시간을 공유하면 아이의 욕구를 적절하게 채울 수 있습니다.

★3★★ 두 마리 토끼_{아이의 즐거움, 유익함}**를 다 잡으려 하지 말라**

실컷 놀아야 될 아이에게 학습적인 자극을 주기 위해 이것저것 시

키는 경우가 많은데 이
렇게 해놓고 시간을 같이 했다
고 생각하는 부모들이 많습니다. 물론 아이가 학습적인 활동을 부모
와 하는 것을 즐겨했다면 아무 문제가 없겠지만, 없는 시간에 주로
학습적인 것에만 관심을 가지지 말고 아무도 해줄 수 없는 부모만이
할 수 있는 즐거운 활동을 하는 것이 더 중요합니다.

　시간을 같이 공유하는 것이 꼭 유익해야만 하고 교육적이어야 하
는 것은 아닙니다. 많은 부모들이 두 마리 토끼를 잡기 위해 노력을
하는데, 아이가 부모가 제공하는 교육적인 것에 관심이 많다면 두
마리 토끼를 잡을 수 있지만 대부분 그렇지 않습니다. 그러다 보면
두 마리 토끼를 잡으려다 다 놓치는 경우를 봅니다.

　맞벌이 부모들이 아이들에게 미안함을 가지고 있기 때문에 주말
이 되면 어디든 멀리 데리고 놀러가고 싶어 합니다. 그런데 가는 장

소가 아이들이 원하는 곳이 아닌 '부모의 욕심이 담겨있을 경우' 아이들이 협조를 하지 않는 경우가 많습니다.

아이들에게 보여주고 싶은 곳을 데리고 갔는데 보지 않고 딴짓만 한다든지, 사달라는 것에만 관심이 있고 봤으면 하는 것은 보지 않고 여기저기 돌아다니기만 하여서 혼을 내는 상황이 생깁니다. 돌아오면서 시간 투자, 돈 투자해도 즐겁지 않은 의무적인 일이 되어버리는 경우가 많습니다. 부모 마음에 '내가 없는 시간 내어서 어딜 데리고 가도 협조를 안해서' 너무 속상함만 가득하게 되지요.

★4★★ 시간을 나누는 장소에 구애받지 말라

그래서 장소에 너무 구애를 받지 않는 것이 필요합니다. 만약 아이들이 나가는 것을 좋아하면 아이들이 원하는 곳에 맞추어 가주면 좋겠지요. 그리고 나가는 것보다 집에서 같이 시간보내기를 원하는 아이들이라면 집 주변에서 자전거나 롤러브레이드를 탈 수도 있고 가벼운 산책도 가능합니다. 함께 축구나 야구도 할 수 있지 않겠습니까?

조금 큰 아이들과는 영화를 같이 보거나 때론 컴퓨터 오락 게임을 같이 하는 것도 나쁘지 않겠지요. 아이들의 세계에 부모가 들어가 경험하면서 아이로 하여금 조절 능력을 키워주는 것도 필요합니다. 물론 아빠가 지나치게 컴퓨터 게임에 빠져서 속상해하는 아이들과 엄마도 있기 때문에 주의해야겠지요. 아이와 컴퓨터 게임이나 오락을 같이 하라는 것이지 부모가 더 빠지라는 것은 아닙니다. 컴퓨터나 오락도 시간을 나누는 매개체가 될 수도 있다는 것입니다. 같이 나누는 것은 컴퓨터 중독의 위험성이 없기 때문에 걱정 하지 않아도 됩니다. 나누는 매개체이지 혼자서 허전함을 채우는 상황이 아니기 때문입니다.

집안에서 씨름을 할 수도 있고, 풍선을 가지고 놀 수도 있습니다. 때론 보드 게임도 할 수 있습니다. 효과가 있으려면 '아이가 원하는' 놀이여야 합니다.

★5★★ 시간을 공유할 때도 요령이 필요하다

어떤 부모는 실컷 시간을 나눈다고 노력을 했는데 뒤끝이 안 좋아서 다음에는 같이 하고 싶은 마음이 없어지는 경우가 있고, 어쩔 수 없이 실랑이를 하다가 들어주는 경우가 있습니다. 실컷 해주고도 효과를 덜 보는 경우가 있는데 이때 조금만 요령을 가지면 훨씬 수월할 수 있습니다.

놀이 욕구가 많은 아이에게 처음부터 '조금만 놀아야 돼' 라는 식으로 미리 다짐을 받으려 하면 이 과정 자체에서 실랑이를 하게 됩니다. 이럴 때는 '얼마동안 놀자', '조금만 놀아야 돼' 라고 한계를 처음부터 긋지 말라는 것입니다. 물론 어떤 경우에는 시간이 없기 때문에 먼저 한계를 언급해야 하는 경우도 있습니다. 이런 경우를 말하는 것이 아니라 많은 부모들이 매번 시간 자체를 정하려 하는 것이 오히려 화를 불러 올 수 있다는 것입니다. 바쁘지 않는 이상은 한계를 정하지 말고 충분히 아이가 즐길 수 있게 두는 것도 필요합니다. 5분이든 10분이든 1시간이든 한계를 정하면 아이는 시간의 길이를 느끼기보다 한계 때문에 마음이 상해서 '더' 라고 요구하고, 부모는 안 된다고 합리적인 이유를 설명하는 상황에서 실랑이를 할 수밖에 없지요. 놀기도 전에 말입니다. 그렇게 부모가 설득하다가 안 되면 '그러면 넌 놀 수 없어' 라고 화를 내게 되고, 나중에는 부모나 아이 모두 속상한 상황이 벌어집니다.

'30분만 놀자' 라고 말하는 대신에 아무 소리 말고 실컷 놀 것처럼 열심히 놀아주라는 것입니다. 그러다가 조금 지칠만 하면 부모의 상황을 친절히 설명하고 부탁하듯이 말을 하는 것이 필요합니다. 물론 어떤 아이는 욕구가 많아서 몇 시간이고 놀려고 할 수 있습니다. 특히 잘 안 놀아주다가 놀아주면 끝없이 요구하기도 합니다. 이럴 때는 그 다음날 엄마든 아빠든 시간에 구애 받지 않는 금요일, 토요일 저녁을 선택해서 특별한 날처럼 시도할 수 있습니다.

또 한 가지 요령은 먼저 요구 사항을 들어주라는 것입니다. 부모가 밥을 해야 하거나 빨래나 청소를 해야 하는 상황이라면 '이것 다 하고 해줄게' 라고 부모의 요구를 아이에게 먼저 제시하지 말고, 아

이가 요구하면 즉각적으로 '그래 알았어'라고 들어주고 어느 정도
아이의 요구에 참여하다가 '엄마가 이것 조금 하고 얼른 올께'라고
양해를 구하면 아이가 봐준다는 것입니다. 이때 주의할 것은 엄마가
요령을 지나치게 피워 양해를 구한 다음, 오랫동안 돌아오지 않으면
그 다음부터 아이는 싫어하고 양해 자체를 해주지 않으려 합니다.
그래서 일을 틈틈이 하면서 아이의 부름에 즉각적인 반응을 하라는
것입니다. 그렇지 않으면 속았다는 생각에 아이는 그다음에 엄마의
부탁을 절대 들어주지 않으려 할 것이고 옆에다 앉혀놓고 아무 일도
못하게 할 것입니다.

★6★★ 부모의 상황이 어쩔 수 없이 너무 바쁘다면?

아무리 바빠도 해야 할 일은 하지 않습니까? 이 말은 그 일이 해야

할 일, 필요한 일이라고 여겨지면, 업무라고 여겨지면 한다는 것입니다. 그러므로 직장일의 업무 스케줄에 아이와의 시간 공유를 잡아야 합니다. 직장의 업무 스케줄에 아이와의 시간을 잡는다는 것은 중요성을 동등하게 둔다는 것을 의미합니다.

스케줄 내용에 '아이에게 전화하기' 라고 잡았다면 그 시간에는 짧은 몇 분이라도 아이와 같이 수다 떨 수 있는 시간을 만들라는 것입니다. 이때 주의할 것은 전화해서 '너 할 일 했니?' 라는 식의 확인하는 식의 대화는 금물이라는 것입니다. 그러면 아이는 전화를 안 받으려 할 것입니다. 대신 그 짧은 시간에 사랑의 표현을 할 수도 있고, 아이가 재미있게 들었던 이야기를 들을 수도 있습니다.

그리고 저학년일 경우 거리가 가깝다면 한 달이나 두 달에 한 번씩 아이 얼굴을 볼 수 있도록 하교 시간에 잠깐 나가서 얼굴 보는 것도 하나의 방법입니다. 상담을 받는 부모님들 중에 바쁜 중에 이런 방법들을 쓰면서 노력하는 분들을 많이 봅니다. 얼굴을 자주 보기 힘든 경우에는 서로 하고 싶은 말을 쓰는 노트^{비밀 노트}나 칠판을 준비하는 것도 좋습니다. 그래서 하고 싶은 말들을 쓰고 답글을 쓰기도 하고, 아이가 핸드폰이 있는 경우에는 문자 메시지를 통해 관심과 사랑의 글을 보내는 것도 시간을 공유하는 방법 중 하나입니다.

정말 평일에는 아무것도 할 수 없다면 주말에는 아이 중심으로 같이 시간을 보내는 것은 필수입니다. 물론 부모는 피곤해서 쉬고 싶을 것입니다. 그러나 직장일이 피곤하다는 이유로 하루 종일 누어서 뒹굴 뒹굴 하지 말고 시간을 투자해보십시오.

★7★★ 좋은 방법도 운용의 미덕이 필요하다

식구들이 식사를 같이 하는 가족들이 그렇지 않은 가족보다 정서적으로 좋은 영향을 끼친다는 연구들을 보았을 것입니다. 그렇다면 식사가 좋은 영향을 미치는 것일까? 이것은 운용하기에 따라 영향력이 상반될 수 있을 것이라고 생각됩니다.

개그 프로그램 중에 '대화가 필요해' 라는 코너가 있습니다. 이 코너에 보면 항상 식사를 같이 하는 장면에서 시작됩니다. 그런데 식사는 같이 하는데, 뭔가 서로가 통하지 않는 것을 느낄 것입니다. 아마 이런 식의 식사를 식구들이 같이 하면 자주 체하지 않을까요? 실제로 식사 시간에 잔소리나 훈계를 듣는 아이들은 '같이 식사하지 않았으면' 하는 바람들을 많이 표현합니다. 맞벌이 부모이기 때문에 시간이 부족해서 훈계를 할 시간이 없다는 이유로 식사를 하면서 한다는데, 부모의 절실한 마음은 이해가 되지만 그 시간을 이용해서 못다 한 말들을 쏟아내면 아이들을 그 시간을 피하고 싶지 않을까요? '맨날 밥 먹을 때 나만 야단쳐요. 자세가 바르지 않다고요. 그리고 학교에서 친구들과 잘 지내라, 선생님 말씀할 때 어떻게 하는 게 좋으냐 맨날 이런 말만 해서 싫어요' 라고 이야기하는 아이들이 많습니다. 차라리 안하느니만 못한 상황이 된다는 것이지요. 좋은 것도 잘못 사용하면 독약이 됩니다. 운용의 미덕이 필요합니다. 식사 시간이 즐거울 수 있다면 그것보다 좋은 것이 있을까요?

★8★★ 보약은 꼭 먹어야 한다

이게 무슨 말일까요? 우리가 가끔 몸이 허하면 이것들을 채우기 위해 보약을 먹지 않습니까? 그런데 맞벌이 가정의 경우는 기본적으로 시간이 허하기 때문에 보약은 필수적이라 할 수 있습니다. 보통 때는 시간이 없기 때문에 없는 가운데 짬을 내어서 시간을 공유하지만 사실 이것만 가지고 아이가 충분하다고 할 수는 없습니다. 그래서 가끔 휴가나 휴일 등 기회가 생겼을 때는 아이가 감격하고 감동할 만큼의 재미있는 시간을 가지는 것, 이것이 보약을 먹는 것과 같다고 할 수 있습니다.

이런 것을 하고 있는 가정들이 많겠지만 자칫 아이들의 감동을 위한 것이기보다 어른들의 필요에 의해 휴가들을 써버리는 경우가 많습니다. 아이들이 어릴수록 이 보약은 더 필수적이라 할 수 있습니다. 보약 기운으로 어느 정도 버틸 수 있으니까요. 그래서 틈이 나면 일 년에 몇 번씩은 보약을 꼭 먹여주는 것이 좋습니다.

★9★★ 인스턴트와 웰빙

요즈음 웰빙 열풍이 사회 여기저기서 불고 있습니다. 어떻게 하면 몸에 좋은 음식을 먹일까 많은 부모들이 고민합니다. 그런데 눈에 보이는 음식에는 신경을 많이 쓰면서 아이의 정서적인 것을 채울 때는 별로 신경 쓰지 않는 것 같습니다. 여기서는 아이에게 어떤 음식을 먹이는가에 대한 것을 언급하려는 것은 아닙니다. 맞벌이 가정에서는 시간을 같이 하기 쉽지 않기 때문에 부모를 대신하여 시간을 보낼 수 있는 곳을 찾을 수밖에 없습니다. 어쩔 수 없는 상황입니다. 이 것을 탓하고자 하는 것이 아닙니다. 이것은 부모가 집에 없을 때의 대안이어야지 그것이 부모를 온전히 대신 할 수 있을 것으로 여겨 여기저기 돈 들여 프로그램을 이용해서 시간을 때우려 한다면 이것은 다시 생각해봐야 할 것입니다. 부모와 시간을 가질 수 없다는 이유로 '돈 들여 노는 프로그램'에 아이를 참여 시킵니다. 이것이 나쁘다고 할 수는 없지만 이것으로 나 할 일 다 했다는 것은 아이에게 인스턴트를 먹인 결과를 가져온다는 것입니다. 시간을 같이 갖는다는 것은 누구든 같이 가질 수 있으면 된다는 것이 아닙니다. 이것은 인스턴트를 먹이는 것입니다. 물론 가끔 바쁘기 때문에 인스턴트도 필요하고 요긴하기도 합니다. 그렇다고 인스턴트로만 모든 것을 채울 수는 없지 않습니까? 아이에게 가장 의미 있는 사람인 부모와 같이 하는 시간은 꼭 필요하다는 것입니다.

부모를 대신할 수 있는 것도 있지만 모든 것이 부모를 대신하게 할 수는 없습니다. 아이와의 시간 공유는 부모가 같이 하는 것은 기본으로 놓고 시작해야 합니다. 모든 것을 돈으로 해결하려 하지 마십시오. 시간도 사고, 사람도 사는 것이 가능하긴 하지만 아이에게 그것이 인스턴트를 계속 먹게 하는 결과를 가져옵니다.

아이의 욕구는 점점 커질 수 있다

처음에는 약간의 시간만 내어도 아이가 변화를 보이고 좋아질 수 있지만 시간이 지나가면서 아이는 조금 더 지속적이고 차원이 높은 것들을 요구할 수 있습니다.

주현이는 학원에 제대로 가지 않고 매일 여기 저기 놀러 다니다가 부모가 집에 오는 시간^{거의 8, 9시 정도}에 겨우 귀가를 하는 아이입니다. 그래서 주현이 부모는 아이를 위해 처음에 욕구를 맞추어주려고 노력을 했습니다. 아이가 좋아하는 빵을 사가지고 가거나 '공부하느라 힘들지?' 등의 말을 하면서 아이에게 관심을 보였습니다. 별 노력을 하지 않았는데 주현이는 집에 오는 시간이 빨라지고 학원도 빼먹는 시간이 적어졌습니다. 그런데 문제는 그 다음부터였습니다.

얼마 지나지 않아 주현이는 엄마 아빠와 '같이 놀고 싶다, 찜질방도 가자, 엄마 직장 가지 마라' 등의 요구들을 하기 시작했습니다. 부모 입장에서는 행동이 좋아져서 이제 안심이다 싶었는데 주현이의 요구 사항들이 갈수록 늘어났습니다. 이때 부모는 '언제까지 노력해야 하나요?' 라는 질문을 자주 했습니다. 주현이는 이제부터 시작인 것처럼 봇물 터지듯이 욕구를 표현하기 시작했지요.

이것은 아이의 욕구가 커졌다기보다 원래 있었던 욕구를 아이가 포기하고 살다가 여건이 되니까 요구를 하는 상황입니다. 그래서 커지는 것처럼 보일 뿐입니다. 아이에겐 약간의 노력만으로 모든 것이 다 되는 것이 아닙니다. 지속적이고 꾸준한 시간의 공유를 원합니다. '애는 왜 이렇게 만족하는 게 없어' 라고 불평하지 마십시오. 부모 역시 다른 사람들이 일회성의 관심에 대해서 그것으로 만족하고 계속 고마워하면서 관계가 지속이 됩니까? 아이도 마찬가지입니다. 조금 해주면 아이가 만족하고 부모를 편안하게 해주기를 기대하지 마십시오. 앞에서도 잠깐 언급했지만 부모와 안정적인 관계를 맺지 못한 아이들은 세상에 대한 불신이 마음속에 있습니다. 그러다 보면 부모의 노력들을 순수하게 받아들이기보다 '과연 엄마 아빠가 변한 것이 맞을까?' 라는 심정으로 계속 저울질을 합니다. 믿을 만하다고 여길 때까지 테스트를 하다가 어느 순간에 자신의 욕구를 분출합니다. 이럴 때 부모가 참으로 감당하기 힘들 수 있습니다. 하지만 이러한 과정들을 통과해야만 아이와 부모와의 적절하고 안정적인 관계를 맺을 수 있습니다. 이러한 과정 중에는 도대체 애 욕구의 끝은 어딜까? 하는 의문도 들지요. 그동안 부족했던 것만큼 표현을 합니다.

그래서 더 커지는 듯한 느낌을 받게 됩니다.

아이가 장성할 때까지 아이는 부모와의 시간 공유를 통해 시간을 먹고 시간 속에 있는 사랑과 관심을 먹고 자랍니다. 그 사랑과 관심이 그 이전에 부족했다고 여기면 더 많은 시간과 노력을 요구할 것입니다. 그래서 요구 사항이 더 많아지고 커지는 것처럼 보입니다. 충족될 만큼 쏟아 붓는다는 생각으로 아이에게 관심을 주는 것이 중요합니다. 이 노력이 부모 입장에서는 힘들겠지만 헛고생을 하는 것이 절대 아니기 때문에 쓸데없는 노력이 아니라는 것을 명심하십시오. 그렇다고 끝없이 요구하지는 않습니다. 아이가 어느 정도 충족감을 느끼기 시작하면 타협과 대화가 되고 욕구의 지연과 배려들도 함께 보일 것입니다.

스스로 하는 아이로 키워라

　맞벌이 부모들뿐 아니라 모든 부모들이 바라는 것입니다. '스스로 할 수 있는 아이' 얼마나 뿌듯하고 좋겠습니까? 그런데 '스스로 할 수 있는 아이'로 만들려면 '아이에게 할 일을 시키면 된다'라고 생각하는 부모들이 많은 것 같습니다. '스스로 할 수 있는 아이'는 부모가 목표로 삼는 행동이긴 하지만, 이 행동은 욕구들이 제대로 충족되었을 때 나타나는 결과이기도 합니다. 그렇기 때문에 이런 아이로 키운다기보다 이런 아이가 될 수 있도록 옆에서 도와준다는 의미가 더 적절할지 모르겠습니다.

고집을 부정적으로 보지 말라

　사람에게는 크게 보면 두 가지 욕구가 있습니다. 하나의 욕구는

210

'사랑받고 관심받고 의지하고 싶은, 보살핌을 받고 싶은' 애정 욕구가 있고, 또 하나의 욕구는 '독립적이 되고 싶고, 주도적이 되고 싶은, 자기 마음대로 하고 싶은' 자율성의 욕구독립의 욕구입니다. 이 두가지 욕구는 서로 보완적인 관계에 있습니다. 사랑과 관심의 욕구가 충족이 되면 자연스럽게 사람은 자율성의 욕구를 표현합니다. 의존하는 모습에서 홀로 서는 모습으로 성장하는 것이지요. 애정욕구가 충족되지 않고서 자율성의 욕구를 보일 수는 없습니다. 만약 그렇다면 그것은 강요된 자율성이며 이것은 자신뿐 아니라 타인에게 여유있는 모습이 아닐 수 있습니다. 자율성의 욕구가 충족이 되지 않으면 상당히 의존적인 모습으로 남아있지요. 그래서 과잉보호를 받은 모습, 스스로 자신을 관리하지 못하고 남들에게 의존하지 않으면 생활이 잘 되지 않는 수동적인 모습을 보일 수 있습니다.

사랑과 관심의 욕구를 충족시키는 것에 대해서는 이미 앞에서 다루었습니다. 이것에 기반을 두고 이 장에서는 어떻게 하면 자율성의 욕구를 충족시킬 수 있을 것인지에 대해 언급하고자 합니다. 자율성의 욕구가 충족되면 자연스럽게 스스로 할 수 있는 아이의 모습을 조금씩 갖추어나갈 것입니다. 그러면 어떻게 자율성의 욕구를 충족시킬 수 있을까요?

아이가 두 돌 전후가 되면 조금씩 자율성의 욕구를 보이기 시작합니다. 뭐든 자기가 해보려 하고 '싫어, 안 해' 소리를 입에 달고 삽니다. 이것이 고집이라는 형태로 드러나지요. 이것은 자율성을 만들기 위해서 가장 중요한 요소입니다. 옛 어른들은 '세살 버릇 여든까지 간다'면서 이 고집의 싹을 빨리 잘라 버릴수록 나중에 버릇없는 아이가 되지 않는다고 했습니다. 그래서 우리나라의 인간관계는 상하관계, 수직관계가 잘 유지되었던 것 같습니다. 이런 면들이 순종이나 복종을 만들었고 부정적인 측면에서는 수동적이고 의존적인 태도를 만들었습니다. 물론 순종이 꼭 나쁘다고만 할 수 없지만 이것이 권위에 눌려서가 아닌 인간관계에서 서로 존중에서 오는 순종이라면 더 좋지 않을까요.

두 돌 전후에서 시작한 이 고집은 다양한 형태로 변화를 해갑니다. 자기의 의사를 표현하고 남의 간섭을 받지 않으려 합니다. 옷을 입는 것부터 먹는 음식, 나가 노는 것 등에 자기를 표현하기 시작합니다. 때론 요구 사항도 많아집니다. 이러한 고집들은 맞벌이 부모들에게 더없이 힘든 상황입니다. 바빠서 옷을 입혀주려고 하면 '내가 입을 거야'라고 하거나 입고 싶은 옷만 입으려고 떼쓰고 울고 하는 상황이 아침에 생긴다는 것은 끔찍한 일이기 때문입니다. '엄마 맘 밖에 없어? 내 맘은 없는 거야?'는 말을 수시로 하지요. 그러나 이런 고집은 좋은 것이기 때문에 꺾어야 할 것이 아니라 적절하게 키워주도록 오히려 노력해야 할 것입니다. 오히려 아이가 고집을 피우면 '이제 아이가 한 인간의 모습을 갖추려고 하는구나'라고 기뻐

해야 할 것입니다.

　상담을 하다 보면 많은 부모들이 갖는 오해 중 하나가 '아이가 불안하거나 사회성이 부족한 것'은 문제로 여기지만 '부모 말을 잘 듣지 않고 반항하는' 아이의 태도는 성가시지만 별로 문제로 인식하지 않습니다. 그런데 이것이 긍정적일 것 같은데도 그렇지 못한 경우가 많습니다. 말 안 듣고 반항하는 것을 '고집의 표현으로 혹은 자율성의 표현'으로 여기고 있다면 적절하게 가지치기를 통해서 잘 세워나갈 수 있겠지만, 많은 부모들이 그렇게 여기지 않는다는 것입니다. 말 안 듣는 것이 속이 상하고 화가 나는 일이긴 하지만 불안이나 사회성의 문제들과는 차원이 다르다고만 여깁니다. 이런 생각은 곧 부모의 노력 유무를 결정하기도 합니다. 불안하거나 사회성에 문제가 있으면 부모가 노력을 많이 합니다. 하지만 말 안 듣고 고집피우는 것들은 '애들이 다 그렇지 뭐'라고 생각하고 그냥 야단치고 기분 내키는 대로 대하기 때문에 오히려 부정적이라는 것입니다. 같은 맥락일 수 있습니다. 적절하게 고집을 키워주지 못하면 심각한 문제를 가져올 수 있기 때문에 대수롭지 않게 여기기보다는 노력이 필요하다는 것을 인식할 필요가 있습니다.

고집을 적절하게 키워주는 방법

고집을 적절하게 키워주려면 우선 부모 마음속에 있는 고집에 대한 부정적인 생각을 없애야 합니다. 귀찮은 일이라든지 말 좀 잘 들었으면 좋겠다는 식으로 부정적인 마음을 가지면 고집을 키워주기가 쉽지 않습니다. 오히려 고집피우지 않도록 누르려고 하거든요.

고집을 적절하게 키우기 위해서는 남에게 피해가 되지 않는 이상, 우선 수용하는 것을 원칙으로 삼는 것이 중요합니다. 옷을 자기 마음대로 입으려 하거나 입었던 옷만 입으려 하더라도 이것은 자신을 표현하는 하나의 방법으로 생각해서 수용하라는 것입니다. 옷을 마음대로 입어서 남에게 피해를 주지 않는 이상 말입니다. 어떤 때는 여름에 겨울옷을 입으려 하고 겹겹이 옷을 입고 바깥에 나가려 합니다. 이렇더라도 수용하십시오.

고집을 피운다고 무조건 아이를 야단치려 하지 말고 아이와 재미있게 놀아주십시오. 재미있게 놀아준다는 것이 얼마나 큰 위력을 발휘하는지 모릅니다. 그러면 자연스럽게 아이의 고집이 막무가내가 되지 않습니다.

그다음 실랑이를 하지 않는 것입니다. 사소한 요구들을 먼저 들어주려고 노력하십시오. 실랑이를 하다가 들어주는 것은 부모 입장에서는 힘만 들고, 아이 입장에서는 들어줬다라고 생각하지 않습니다. 많은 부모들이 실랑이하다가 지쳐서 아이의 고집을 들어줍니다. 그래서 부모 입장에서는 '자기 마음대로 다 했다'라고 하지만 아이는 매번 실랑이 속에서 애를 써서 얻었기 때문에 갈수록 더 전투적인 태도를 보여서 실랑이를 하려 할 것입니다. 실랑이가 부모가 귀찮아서 들어주지 않아서 하는 실랑이입니까? 아니면 중요하지도 않은 것을 고집 피워서 들어주지 않으려 하다가 생긴 실랑이입니까? 후자의 실랑이라면 부모가 양보하십시오. 부모가 마음을 좀 크게 쓰자는 것이지요. 이왕 들어줄 것이면 처음부터 실랑이하지 말고 기꺼이 들어주십시오. 평소에 아이들이 요구하는 사소한 것들에 대해 수용적이어야만 꼭 필요할 때 아이의 양보를 받아낼 수 있습니다.

우리가 아이의 요구를 100% 다 들어줄 수 없기 때문에 평소의 태도 여하에 따라 양보를 받아낼 수 있습니다. 못 들어주거나 안 들어줄 때는 '부당한 요구를 하는 나쁜 아이' 라는 식으로 야단치고 혼을 내지 말고 요구 충족이 안 되는 아이의 감정을 헤아리고 안 되는 이유를 설명해줄 필요가 있습니다. '○○야, 그것 갖고 싶었어? 하고 싶었는데 속상해서 어떻게 해? 그런데 ○○○○ 해서 못 해주겠네' 라는 식의 표현이 필요하다는 것입니다. 요구를 못 들어준다고 해서 마음까지 받아주지 못할 이유는 없기 때문입니다.

스스로 하는 아이로 키우는 대화법

★1★★ 지시하거나 명령하지 말기

이 태도는 무척이나 중요한 것입니다. 지시하는 것은 부모가 주도성을 가지고 아이에게 수동적으로 움직이라는 의미이기 때문입니다. 이것은 아이의 의사나 생각들을 고려하지 않을 가능성이 있습니다. 지시하거나 명령하지 않는다는 것은 부모가 미리 정해서 아이에게 통고하지 말라는 것입니다. 대신 물어보고 질문해서 아이의 생각이나 의사를 파악하는 것이 필요합니다. 아무리 부모의 생각이 옳다고 하더라도 정해놓고 설득작업부터 시작하지 마십시오. 이러한 것들이 처음에는 괜찮아 보이지만 아이가 점점 커가면서 '결국 엄마 아빠 마음대로 할 거잖아' 라는 식으로 불쾌감을 표현합니다. 물론 어떤 때는 설득이 필요하기도 하지요. 설득 역시 아이의 의사를 물어보고 충분히 수용하면서 이런 것은 어떤지 조심스럽게 다가가는 태도가 필요합니다.

부모라는 위치가 어른이라는 생각 때문인지 몰라도 틈틈이 지시하고 명령을 많이 합니다. 한 번 하루를 돌이켜 보십시오. 아이에게 얼마나 많은 말들을 지시하고 명령하는 식으로 표현하는지를 말입니다. 자랄 때 지시나 명령투를 들으면서 자랐기 때문에 부모도 아이에게 똑같이 명령투로 말을 합니다. 쉽지 않지만 그렇다 하더라도 자꾸 물어보려 하면 이것이 몸에 익숙해질 것입니다. 어떤 부모들은 지시나 명령하지 않는다는 것이 어른의 권위를 상실하는 것이고 아이에게 끌려간다고 생각합니다. 누가 주도를 할 것인가의 문제라면 어른이 주도하지 못하는 것이 자존심이 상하겠지요. 그러나 이것은 자존심의 문제로 볼 것이 아니라 '아이를 한 인간으로 존중할 것인가'의 관점에서 보는 것입니다. 내 자식이 내 부속물이 아니라고 생각하는 것을 행동으로 드러내는 것이 의사를 존중하는 것입니다.

★2★★ 대화 많이 하기 = 듣기

여기서 대화를 많이 한다는 것은 일상적인 대화를 의미한다기보다 서로의 의견이 다를 때 어떻게 의견을 조율할 것인가를 보는 것입니다. 아이가 자신의 의견을 표현했는데 부모가 원하는 것과 다른 엉뚱한 소리를 할 수도 있습니다. 소위 고집피우고 떼쓰는 것처럼 보일 수 있습니다. 이럴 때 아이의 의견을 충분히 듣고 설득이 아닌 '엄마 아빠는 이렇게 생각하는데 너는 그렇게 생각하는구나' 라고 접근을 하면서 아이의 의견에서 빚어질 수 있는 결과들을 옆에서 보여주는 대화를 의미합니다. 많은 부모들이 대화를 많이 한다고 하면서 설득하기 위해 설교를 하기도 하고 열심히 부모 말만 합니다. 아이 말을 더 많이 들으려하기보다 부모가 하고 싶은 말을 해놓고 대화를 많이 한다고 생각합니다. 이것은 대화가 아니라 고문일 때도 있습니다.

대화는 경청이 80%라고 하지 않습니까? 아이의 말을 들어보십시오. 나름대로는 뭔가의 주장을 합니다. 그런데 듣다가 부모의 언성이 높아지거나 비난하는 듯한 느낌이 들면 아이는 어긋나기 시작합니다. 자신의 의사와 상관없이 부모를 반대하려는 태도를 보일 수 있다는 것입니다. 때론 듣기만 하고 '우리 한 번 생각해보자' 라고 다음 날로 미룰 수도 있습니다. 자기 말을 귀하게 듣는 것은 아이로 하여금 부모가 자신을 존중하고 있다는 느낌을 갖게 하며 스스로 생각하는 능력들이 커질 수 있습니다.

★3★★ 일일이 잔소리하지 않기

아이의 자율성을 키워주는 것은 잔소리를 하지 않아야 가능합니다. 잔소리는 아이에게 '넌 틀렸다' 라는 메시지를 보내는 것처럼 여기게 합니다. 이것을 계속 들
으면 아이는 자신이 틀린 사람
이라고 스스로에게 각인시킵
니다. 이로 인해 열등감이
생길 수도 있고, 자신감
이 없을 수도 있습니다.
자율성에서 가장 중요한
것은 '나는 참 괜찮은 사
람이다. 나는 사랑 받을 자
격이 있는 사람이다' 라고 느
끼는 것입니다. 이러한 느낌은 아이의 의사를 존중하고 사랑을 주면
아이는 느끼겠지요. 의사를 존중하는 또 하나의 방법이 잔소리하지
않는 것입니다. 지금 하는 잔소리를 조금씩 줄여보십시오. 잔소리로
아이의 행동을 바꾸는 데 도움이 되었다면 계속해야겠지만 잔소리
해서 되는 것은 아무것도 없습니다. 잔소리를 계속 쓰게 되면 오히
려 잔소리의 빈도를 높여야 하고 잔소리하는 사람은 효과가 없어서
진이 빠지는 것을 경험했을 것입니다. 잔소리를 하지 않고 기다려
보십시오. 그리고 아이가 만약 그래도 행동이 바뀌지 않으면 부탁을
해보십시오. '이 옷 좀 제자리에 갖다 놔줄래?' 아주 부드럽게 말입
니다.

잔소리 대신에 부모가 바라는 행동을 '짧고 부드럽게 그리고 반복해서' 말하는 것입니다. 만약 컴퓨터를 끄기로 했다면 '이제 약속한 시간되었네. 컴퓨터 그만 해야지' 라는 식의 소리를 10분 간격이 있다 하더라도 천천히 친절하게^{감정이 섞이지 않은 투로}한 번씩 언급해 보십시오. 같은 톤으로 20번 정도 할 결심을 하고 말입니다. 그렇게 하면 20~30분이 걸릴 수 있지만 아이는 존중 받는 느낌 때문에 다음에는 말하는 횟수가 줄어들 수 있습니다. 주의할 것은 반복할 때 기다리지 못하고 계속 말하면 그것이 곧 잔소리가 될 수 있기 때문에 말하는 요령도 필요합니다.

또 하나 잔소리를 하지 않으려면 '잔소리 하지 않는 환경을 만드는 것' 도 중요합니다. 아이에게 옷 정리를 왜 하지 않냐, 왜 먹고 난 것들을 휴지통에 넣지 않느냐는 등의 잔소리들을 할 때, 옷 정리를 하기 쉽게 환경을 만들거나 버리기 쉬운 곳에 휴지통을 놓는 것도 고려해보는 것입니다. 정리함들을 몇 개씩 구분해서 두는 것도 하나의 방법이지요. TV를 켜놓고 부모는 보면서 아이 보고 '왜 공부하지 않고 들락날락하느냐' 라고 잔소리하지 말라는 것을 생각하면 아마 쉽게 이해가 될 듯합니다.

★4★★ 설명 많이 하지 않기
이것은 요즈음 부모들의 새로운 육아 태도에서 많이 볼 수 있습니다. 아이에게 부모가 열심히 설명해서 아이에게 자극을 많이 주려하는 태도 말입니다. 아이는 말 할 새도 없습니다. 지나가면서 사물과 풍경들을 열심히 설명합니다. 틀렸다고 말할 수는 없지만 설명이 지나치게 많아지면 아이는 자신이 말하고 싶은 욕구가 눌리는 느낌을 받습니다. 이것은 통제 받는 느낌과 비슷하지요. 그리고 내 마음대로 할 수 없는 구속의 느낌 때문에 벗어나고 싶어 합니다. 결국 아이는 자신이 존중 받는 느낌이 덜하지요. 설명이 많은 사람이 잔소리도 많이 합니다. 왜 잔소리를 하는지까지 설명하니까요.

세상은 설명을 하지 않고서 느낌을 갖는 것도 필요합니다. 부모가 주는 느낌이 아니라 아이가 있는 그대로 느끼는 느낌을 말입니다. 느끼기 시작하면 궁금한 것들이 생기고 질문을 합니다. 그때까지 기다리십시오. 왜 자꾸 아이의 머릿속에 내 생각과 내가 느끼는 세상을 집어 넣어주려 하십니까? 아이가 사물이나 세상을 그냥 느끼게 둬보십시오. 그리고 아이가 뭐라고 이야기 하면 들어보십시오. 그리고 감탄하고 신기해하는 반응을 보이십시오. 이것이 아이의 자율성, 스스로 하는 모습을 갖는 데 일조를 할 것입니다.

★5★★ 아이의 말을 들으면서 수정하지 않기

아이들은 엉뚱하기도 하고 사리에 맞지 않는 말들을 할 수 있습니다. 때론 상황에 맞지 않는 말도 합니다. 이러한 아이의 태도들을 부모들은 고쳐야 된다고 생각을 많이 합니다. 아이들이 TV를 보다가 '나 저것 갖고 싶다' 라는 말을 하면 '그런가 보다' 라고 지나치는 부모는 적은 것 같습니다. '저게 너한테 왜 필요하니?', '얼마나 비싼지 아냐?', '어제 샀는데 왜 사냐' 등의 말들로 아이가 틀렸다는 것을 가르쳐줍니다. 그런 생각을 하면 안 된다고 가르칩니다. 그러지 않으면 아이가 잘 모를 것 같아서 말입니다. 부모의 고유 권한인 것처럼, 하지 않으면 직무 유기를 한 것처럼 말입니다. 아이가 말만 했을 뿐인데 부모가 너무 '진지하게' 반응을 한다는 것입니다. '나 학교 가기 싫다' 는 소리를 하면 '너 거지 될 거야?', '학교는 다녀야지', '왜 그러느냐' 는 등의 반응을 합니다. 아이가 정말 학교 학기 싫어서 말을 했다고 해도 이런 식의 접근은 부적절합니다. 그리고 그냥 한 소리일 때는 더 부적절하지요. 아이가 이런 말을 하면 ' 학교 가기 싫어?' 하고 웃어주기만 해도 됩니다. 학교 가기 싫긴 하지만 안 가겠다는 것은 아닐 때가 많거든요. 아이의 말 속에 담긴 감정에만 반응하라는 것입니다. 어른들도 '오늘 정말 출근하기 싫다' 라는 생각과 말을 합니다. 그렇지만 가야 하는 것을 알고 가지요. 그런 말을 하는 자신이 잘못되었다고 생각하지는 않겠지요? 아이도 마찬가지입니다. 학교 가는 것이 귀찮을 때도 있습니다. 그리고 학교 가기 싫다는 것은 그 이면에 다른 것들이 있을 수 있기 때문에 그런 것들을 파악하려고 노력하는 것도 필요합니다. 대체로 그냥 하는 말들이 많을 때는 심각하지 않다면 편안하게 그 감정을 알아주십시오.

물건 사고 싶다고 이야기 할 때도 '그래? 저것 갖고 싶다구?' 라는 정도로만 반응을 하면 아이가 그냥 넘어갈 때가 더 많습니다. 만약 정말 사고 싶어서 떼를 쓰는 상황이라면 그렇다 하더라도 이렇게 반응을 하고 그 마음은 수용하십시오. '너 저것 사고 싶었구나? 못 사서 속상해? 그런데 지금은 돈을 가지고 오지 않아서 살 수가 없구나' 라는 식으로 아이의 마음을 이해하고 사지 못하는 이유를 해주는 것이 필요합니다. 사주지는 못할망정 그 마음까지 틀렸다 너는 도대체 정신이 있니 없니? 어제도 샀잖아? 너는 사는 것 밖에 몰라? 욕심쟁이야 자꾸 사면… 고 규정하지 말라는 것입니다. 감정이 존중된다는 것 역시 '스스로'에 가까워지게 하는 방법이기도 합니다.

행동으로 말하는 부모 되기의 원칙

★1★★ 실수 허용하기

사람은 누구나 실수를 합니다. 그런데 자신의 실수는 은근히 쉽게 용인하면서 아이의 실수에는 엄격할 때가 많습니다. 부모가 야단을 칠 때 실수와 잘못을 구분할 필요가 있습니다. 많은 경우 아이가 실수할 때 잘못을 한 것처럼 야단을 칩니다. 실수는 의도하지 않은 것이기 때문에 '조심해라' 는 정도로 끝내야 합니다. 그리고 실수로 인

해 빚어진 것은 야 단으로 해결하려 하지 말고 뒤처리를 하게 하는 것으로 마무리 하는 것이 좋습니다. 물을 가지고 오다가 쏟았다 고 칩시다. 그러면 거의 모든 부모들이 조심하지 않았다고 야단을 치지요. 만약 물을 자주 쏟는 실수를 했던 아이는 심하게 야단을 맞기도 합니다. '조심하라' 는 주의^{야단이 아니라}와 함께 물을 걸레로 닦게 하는 것이 좋다는 것입니다. 실수에 대한 야단을 맞으면 주눅이 듭니다. 주눅이 들면 자신감이 없어지고 자신감이 없어지면 '스스로 뭔가를 하려는' 의지가 상실됩니다.

★2★★ 행동을 미리 예시하지 않기

많은 부모들이 아이가 시행착오를 겪지 않게 하기 위해 행동하기 전에 '이렇게 하고 저렇게 하라' 는 식으로 행동을 예시합니다. 이것 은 아이에게 '내 명령을 따르라' 라는 것과 같습니다. 이것이 반복되면 아이는 생각을 하지 않습니다. 생각을 하지 않으면 절대로 스스로 되지 않습니다. 행동을 예시하지 않는 것은 아이가 생각이 있다는 것을 인정하는 것이고 그 생각으로 인한 결과를 아이가 생각해보게 하기 위한 것입니다.

주말 아침에 아이가 바깥에 놀고 왔습니다. 그러면 들어오자마자 부모는 '너 빨리 손 씻고 축구공 제자리 넣어놓고 와서 밥 먹으라' 는 식의 행동을 미리 알려 줍니다. 참 친절도 하지요. 이런 경우가 얼마나 많은지 모릅니다. 연령이 어린 아이들이 신발을 신으려고 하면 신발도 신기 전에 '신발 똑바로 신어라' 라고 말하고, 집에 들어오거나 실내에 들어가면 아이가 옷을 벗기도 전에 '옷을 벗어라', 비스켓을 먹을 때는 '목마르니까 물 먹어야지' 라는 식으로 미리 무엇을 해야 할지 말해줍니다. 부모가 아이를 배려해서 하는 행동이긴 하지만 이것은 결국 아이의 행동을 통제하는 것이고 아이에게 생각을 하지 못하게 만드는 것입니다.

'오늘 너는 ○○ 학원에 갔다가 와서 간식 먹고 피아노 치고, 30분 놀다가 학원 숙제 하고…' 이런 식으로 자상하게 아이의 행동을 미리 미리 이야기 합니다. 미리 미리 이야기하는 것이 뭐가 나쁘냐구요? 아이에게 생각을 하지 못하게 하고 모든 것을 부모에게 의존하게 만듭니다. 수동적인 아이가 되지요.

잘 시간이 되면 벌써 부모는 말하기 시작합니다. '자 이제 손 발

씻고, 양치하고 자야지' 이런 말 들으면 여러분들은 어떻습니까? 하고 싶은 마음이 싹 가시겠지요. 아이가 어떻게 행동하나 기다려보십시오. 그리고 만약 하지 않으면 그때 언급해도 늦지 않습니다. 바쁜데 어떻게 그렇게 하냐구요? 그래도 '스스로 하는 아이가 되길 원한다면' 이렇게 하는 것이 나중에 부모가 훨씬 편할 수 있습니다.

★3★★ 시나리오 쓰지 않기

맞벌이 부모들은 바쁘기도 하지만 양육에 투자할 시간이 없기 때문에 되도록 아이들이 시간이 절약되고 지름길로 가기를 원합니다. 그러다 보면 자칫 아이가 어떤 뉘앙스가 비추어도 그것을 짐작하여 훈계하거나 설명하거나 그렇게 하면 안 된다고 지적을 합니다. 어떤 아이가 다리가 아프다고 이야기하면 평소 아이의 행동으로 짐작하

226

여 '오늘 학교에서 친구들과 싸웠구나' 아니면 '누가 널 때렸어?', '너무 심하게 놀았구나', '조심하지 않았구나' 는 식으로 미루어 짐 작해서 아이가 말도 하기 전에 미리 훈계를 시작합니다. 그래서 나 중에 보면 아이가 변명할 여지도 남기지 않고 말을 하여 아이는 오 해 받은 마음에 너무 속상해합니다. 게다가 '표현을 적극적으로 하 지 않는 아이' 는 오해 받은 채로 변명도 하지 못합니다. 나중에 이것 을 알게 된 부모는 '억울하면 이야기하지, 왜 이야기 안했냐' 고 야단 칩니다.

저녁에 자기 전에 아이가 '엄마' 라고 부르면서 뭔가 말을 하려 하 면 엄마는 '또 애가 안자고 뭔가 꼬투리 잡아서 시간을 끌고 있구나' 라고 생각을 하면서 '또 왜' 라고 퉁명스럽게 대꾸를 하지요. 엄마 머 릿속에는 이미 시나리오를 쓰고 있습니다. '애는 맨날 잠 안 자려고 잘 시간이 되면 뭔가를 요구하는데 지금도 그러는구나' 라고 말입니 다. 어떤 경우에는 엄마가 써놓은 시나리오와 전혀 맞지 않는 상황 도 있습니다. 다른 이야기를 하려고 하는데 야단을 맞게 되어서 해 야 될 이야기를 못하고 넘어가는 경우도 있습니다.

사회성 걱정을 하는 소희 부모는 아이가 조금만 표정이 밝지 않아 도 걱정이 태산입니다. 아이 표정을 보고 묻지도 않고 머릿속에는 시나리오를 씁니다. '아마 학교에서 친구들하고 무슨 일이 있었던 것 같아. 자꾸 저러면 아이가 힘들어질 테고 상처받을 텐데… 어떻게 할까? 자신감도 잃고 소심해지면 안 되는데… 저러다가 직장생활이나 할 수 있을까?' 등의 생각을 하고 진짜 아이가 학교에서 무슨 일이 있었던 것처럼 질문을 합니다. '너 또 친구들하고 무슨 일 있었지?' 라고 다그치고 소희가 아니라고 이야기를 해도 '분명히 무슨 일이 있었는데 말을 안 하네' 라는 식으로 이야기하다가 아이가 화를 내어야만 대화를 그만하든지 아니면 엄마가 다른 아이들에게 전화를 해서 확인을 한 뒤에야 그만둡니다. 그러다 보니 소희는 '엄마는 왜 맨날 나보고 친구들만 물어봐?' 라는 말을 합니다. 그러다가 점차 아이는 친구랑 무슨 일이 생기면 '상황보다 더 심각' 하게 인지하기 시작했습니다. 그래서 별 것 아닌데도 상처를 입어야 하는 상황으로 크게 인식하면서 실제 친구 간에 문제가 생기는 상황이 되었습니다. 그런데 소희 부모는 '그것 봐 그럴 것 같았어' 라고 스스로의 시나리오를 예견한 것처럼 인식하고 있었는데, 사실은 미리 시나리오를 써 놓은 데로 상황을 몰고 온 것을 알지 못하고 있었지요. 이러한 것들이 점점 아이와 부모 사이의 뭔지 모를 감정적인 얽힘을 만들어내고 이런 감정적인 얽힘은 결국 아이로 하여금 자율적인 상황을 만들지 못하게 합니다. 이런 감정적인 얽힘에서 벗어나려고 마냥 반항만 하거나 그 자리에서 수긍하는 태도를 보이게 되어서 건강한 홀로 서기가 쉽지 않게 된다는 것이지요.

소설혹은 시나리오을 쓰지 마십시오. 아이의 어떤 행동들이 매 상황마다 다를 수도 있는데 부모가 소설을 특히 부정적으로 쓰기 시작하면 부모와 아이 사이의 거리는 점점 멀어집니다. 뿐만 아니라 아이는 매번 억울한 마음만 들고, 믿지 못하는 부모는 간섭하게 되는 상황이 반복됩니다. 소설을 쓰지 말고 어떤 상황이고 어떤 생각에서, 왜 이런 일들이 있는지 알려고 하는 태도를 보이는 것이 필요합니다. 설사 그런 느낌이 든다 하더라도 아이에게 하는 질문이 파악하는 질문이 되어야지 미리 짐작하여서 자신의 의도대로 이끌고 가서는 안 됩니다.

★4★★ 부모는 아이의 지도자나 통제자가 아닌 도우미 역할 하기

부모의 역할은 곁에서 지켜보고 도와주는 것이 가장 아이의 자율성을 키우는 데 도움이 됩니다. 아이의 성장을 끌어당기기보다 아이가 성장하는 데 필요한 것들을 채워주면서 기다리고, 손을 내밀 때만 도와주는 것이 필요하다는 것입니다. 이런 면에서 맞벌이 부모가 도우미 역할하기가 쉬울 수도 있습니다. 시간이 많지 않아서 아이의 일거수일투족에 따라 자극을 주고 개입하지 못하기 때문에 오히려 기다릴 수 있는 상황이 될 수도 있습니다.

요즈음엔 아이는 부모 하기 나름이라면서 어떤 학교를 보내고 아이의 인생에서 어떤 것을 경험하게 하고 어떤 것을 전공하게 할 것인지 등에 대해 아이가 아닌 부모의 계획 속에 진행이 되고 있는 분

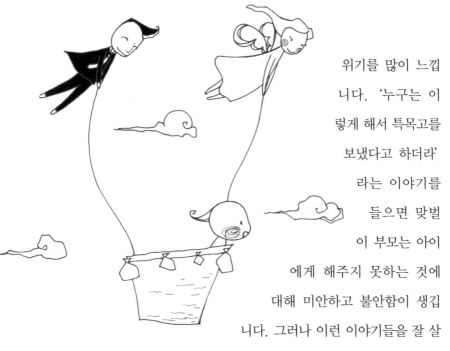

위기를 많이 느낍니다. '누구는 이렇게 해서 특목고를 보냈다고 하더라'라는 이야기를 들으면 맞벌이 부모는 아이에게 해주지 못하는 것에 대해 미안하고 불안함이 생깁니다. 그러나 이런 이야기들을 잘 살펴보십시오. 모든 계획이 아이의 머릿속이 아닌 부모의 머릿속에 있습니다. 문제를 몇 장을 풀게 할 것인지, 어떤 문제지를 살 것인지, 얼마만큼 놀게 하고, 어떤 놀이들을 하게 할 것인지 모든 것을 계획합니다. 물론 이것이 다 나쁜 것은 아니겠지만 자칫 잘못하면 아이의 자율성이나 스스로 생각할 수 있는 힘은 줄어들게 됩니다. 부모가 아이의 인생을 주도하는 것이 부모의 능력으로 된 사회는 엄밀하게 따지면 아이들에게는 부정적인 분위기이지요. 이런 분위기에서는 아이는 절대로 제대로 성장하지 못합니다.

아이의 인생에 부모가 지나치게 개입을 하면 아이의 주도성, 자율성은 사라집니다. 대신 엉뚱한 곳에 주도적인 모습을 보이지요. 지나친 간섭이나 통제는 아이로 하여금 주눅 들게 하거나 벗어나고 싶은 욕구만 주기 때문에 자신의 삶을 제대로 챙기기가 쉽지 않습니다. 오히려 부모의 그늘에서 벗어나는 것을 목적으로 삶기 때문에 자신의 인생을 어떻게 설계할 것인가를 생각하지 못하게 만듭니다. 이것은 스스로라는 행동보다 반항적인 행동을 하게 만들지요. 아니면 누가 언질을 주거나 도와주지 않으면 자발적으로 움직이지 못하는 수동적인 아이가 될 수도 있습니다. 이런 의미에서 맞벌이인 것이 정말 다행일 수 있습니다. 그렇지 않으면 사회적인 흐름에 그냥 따라가면서 '자발적인 아이를 원하지만 자발적으로 키우지 않는' 부모가 될 가능성이 많으니까요.

제대로 된 도우미 역할을 해보십시오. 도와달라고 부탁할 때 즉각 기다렸다가 도와주고 도움을 청할 때 거절하지 않으면 됩니다. 혼자서 실수나 실패를 경험하는 것도 나쁘지 않기 때문에 이러한 일이 있을 때 격려하는 것도 중요합니다.

통제자 역할을 하는 부모들은 아이가 실패의 경험조차 가지지 못하게 합니다. 실패는 그 다음번의 행동을 계획하는데 도움이 됩니다. 그리고 아이가 계속 생각하게 되고 자신의 결정이나 계획 속에 책임감 있는 태도를 보일 수 있습니다.

스스로 하게 한다는 것은 아이가 자기 인생에 있어서 가장 소중한 사람이며 괜찮은 사람이라는 생각들을 갖게 합니다. 그런데 '너는

네 인생에서 소중한 사람' 이라는 것조차 설명으로만 아이를 이해시키려 하거나 세뇌시키는 방법은 좋지 않습니다. 아이를 대하는 태도에서 아이를 존중하는 모습을 보이십시오. 행동으로 아이에게 말을 해야만 효과가 있습니다. '입' 만으로는 아이의 마음이 움직여지지 않습니다. 스스로 하는 아이는 생각이 깊어집니다. 생각을 하고 하기 때문에 자신의 행동에 대한 책임을 지려는 마음이 생깁니다. 그리고 자신이 소중한 것처럼 남들도 소중하게 대할 줄을 하게 됩니다. 배려를 잘 받고 자란 아이만이 남을 잘 배려할 수 있습니다. 자신을 소중하게 여기는 사람과 자란 아이는 다른 사람들도 소중하게 대할 줄 알게 됩니다. 뿐만 아니라 자신의 인생이 소중하기 때문에 자신의 일을 해야 하는 것도 알게 되고 자기 일을 스스로 하게 된다는 것입니다.

일과 가정을 조화롭게 돌보는 지혜

지금까지 10가지 원칙들이 제시되었습니다. 이 원칙들 중 어떤 것이 덜 중요하고 더 중요하다는 식으로 받아들이지 않았으면 합니다. 이 원칙들은 전체가 다 어우러져야만 균형 잡힌 제시가 될 것이라 믿습니다.

맞벌이 부모들이나 맞벌이를 시작하려는 부모에게서 받는 질문들 중에 인상적인 질문들이 있습니다. 맞벌이의 좋은 점은 무엇인지, 나쁜 점은 무엇인지에 대한 것입니다. 사실 맞벌이 자체가 주는 좋은 점과 나쁜 점을 따지는 것은 큰 의미가 없다고 생각합니다. 왜냐하면 맞벌이라는 것을 어떻게 활용하느냐의 결과이지, 맞벌이가 뭔가를 가져다주리라고 생각하는 것은 오산일 수 있다는 것이지요.

'아이에게 도움이 되면 선택하고 그렇지 않으면 안 한다' 는 식으로 생각하는 부모는 없을 것입니다. 솔직히 말해서 '맞벌이를 하고 싶은데, 맞벌이를 해야 하는데, 이것이 아이에게 어떤 영향을 줄까?' 라고 고민하지 않습니까? 그만큼 맞벌이를 한다는 것이 조심스럽고 때론 아이에게 영향을 덜 줄 수 있었으면 좋겠다는 생각이 반영된 것이라고 여겨집니다.

맞벌이 부모로서 고민해야 할 것은 '맞벌이를 하게 된 상황에서 이제 나는 어떤 식으로 자녀 양육을 하는 것이 좋은가' 입니다. 물론 지금 맞벌이를 선택할 것인가 말 것인가를 고민한다면 앉아서 이것저것 따지는 것도 필요하겠지요. 하지만 그렇지 않고 이미 맞벌이를 하게 된 상황이라면 이 상황을 인정하고 앞으로 어떤 식으로 양육 환경을 만들 것인가를 고민하는 것이 중요하다는 것입니다. 고민은 누구나 다 하지만 그 고민을 줄이기 위해 행동으로 옮기는 부모는 적습니다.

맞벌이 부모들에게서 많이 듣는 또 하나의 질문들이 '아이 인생 생각하다가 부모의 인생은 어떻게 하나' 라는 것입니다. 아이의 인생과 부모의 인생 두 가지 다 중요합니다. 부모가 자신의 삶을 당당하게 살아가는 측면에서 부모 각자의 개인적인 삶은 중요합니다. 이와 더불어 자녀 역시 한 개인으로서의 삶이 중요합니다. 이 아이가 제대로 성장할 때까지는 부모의 돌봄은 필수적이지요. 이런 측면에서 '나 개인의 삶'과 '자녀의 삶'을 두고 저울질한다는 것 자체가 무의미하다고 봅니다. 부모가 '나 우선'의 삶을 중시하게 되면 자연히 아이는 소홀하게 되고 '네 인생은 너의 것'이라고 아이에게 책임과 의무만을 먼저 주는 상황이 될 수 있습니다.

물론 지나치게 부모가 자신의 인생을 자녀에게 올인하는 것도 바람직하지 않지만, 거꾸로 부모가 자녀를 내버려두고 자신의 인생에 올인하는 것 역시 바람직하지 않습니다. 여러분들의 부모가 맞벌이로 인해 나에게 소홀하게 한 것들을 긍정적으로 기억하는 부모는 없을 것입니다. '우리 엄마 아버지가 맞벌이를 해서 나 혼자 지낸 것들이 참 소중했어'라는 식으로 기억하십니까? 그 때는 생각하면 외롭고 힘들고 쓸쓸했던 기억들이 있을 것입니다. 이런 기억을 나도 하기 싫은데 우리 아이들도 '나처럼 겪으면' 힘이 들겠지요. 이런 생각을 하면 '나 개인의 삶'과 '자녀의 삶'에 대한 저울질을 하고 비중을 둔다는 것이 얼마나 어려운 일인지 알 수 있습니다. 이런 관점에서 맞벌이 부모의 자녀 양육을 생각했으면 합니다.

아이의 인생과 부모의 인생과의 사이에서는 시간에 따른 조화, 분배가 있어야만 한다는 것입니다. 이것은 어떤 것을 더 중요하다고 하는 것이 아니라 어떤 시기손길이 더 필요한 시기에는 더 치중을 해야만 한다는 것입니다. 그래야만 서로의 인생이 행복할 수 있습니다. 부모와 아이의 인생은 따로 떼어놓고 생각할 수가 없습니다. 부모가 직장에서 승승장구하고 있는데 아이가 속을 썩인다면 마냥 행복하기만 하겠습니까? 그렇기 때문에 한쪽의 희생으로 한쪽이 행복해지는 것은 오히려 모두의 불행을 가져 올 수도 있기 때문에 부모-아이 둘 다를 고려해야 합니다. 부모의 행복을 위해 자녀의 희생이 전제되는 것도 문제가 되고 자녀의 행복을 위해 부모의 희생이 따르는 것도 올바르다고 할 수 없습니다. 결국 희생하는 쪽은 참다가 폭발하게 되기 때문입니다. 결국 누가 희생할 것인가의 관점으로가 아닌 어떤 시점에서 어떻게 조화를 만들 것인가를 중요하게 고민하는 것이 필요하다는 것입니다.

맞벌이를 해야 하는지를 고민하는 부모에게

맞벌이와 자녀 양육에 대한 고민들은 맞벌이 부모에게 최대의 고민입니다. 만약 맞벌이를 선택할 수 있다면 다음과 같은 것들을 고려해서 결정해보십시오.

맞벌이 시작 시기

스스로가 판단할 때 두 가지 다 제대로 할 수 없다면 맞벌이보다는 자녀 양육을 선택하십시오. 그리고 아이가 어느 정도 성장하고 난 후에^{초등학교 2~3학년 정도} 맞벌이를 시작하는 것이 좋습니다. 그리고 선택을 할 수 있는 상황이라면 아이와 부모와의 애착이 충분히 형성되는 시기인 만 3세 ~ 3세 반 이후에 시작하는 것이 좋습니다. 휴직을 하고 몇 년간 쉬었다가 복직을 할 수 있는 상황이라면 휴직 시기 동안에 아이와의 관계를 좀 더 친밀하게 하기 위한 노력들을 하는 준비가 필요합니다. 이런 준비가 없으면, 아이가 복직의 발목을 잡을 수 있습니다.

아이의 기질은?

아이의 기질이 어떤지 파악하는 것입니다. 만약 아이가 어릴 때부터 낯가림이나 분리불안이 심했고 예민하다면 맞벌이를 하기보다 아이 양육을 하는 것이 좋습니다. 예민한 아이는 어릴 때 충분한 보살핌이 없으면 커서까지 지속적으로 힘들어하고 사회적응에 문제를 보일 수 있기 때문입니다. 또 아이의 기질이 예민하다면 어린 시절에 부모가 힘들지만 아이에게 시간 투자를 절대적으로 하는 것이 필요합니다. 학교 들어가기 전까지 충분히 놀아주고 같이 시간을 가지고 아이의 의사를 존중해주면 이 기질도 많이 부드러워집니다.

맞벌이를 그만두어야 하나요?

아이 문제로 고민하다 보면 맞벌이를 그만두어야 할지 그냥 다녀야 할지 혼란스러울 때가 많습니다. 그만둘 수 있다면 좋겠지요. 부모가 전적으로 돌봐야 하는 상황이 될 만큼 문제가 생겼다면 그만두는 것도 고려해봐야 할 것입니다. 하지만 직장을 다니면서 '이를 악물고 아이에게 노력을 한 번 해보고 나서'도 늦지 않을 수 있습니다. 이러한 마음 자세가 되어 있다면 직장을 병행해도 가능한 가정들을 많이 봅니다. 직장을 다니면서 노력을 하지 않는 부모는 직장을 그만두고서도 노력을 하지 않습니다. 가장 악조건에서 노력을 하려는 태도를 보이는 사람만이 그렇지 않은 조건에서도 열심히 할 수 있습니다.

맞벌이 부모들이 많이 하는 말 들 중에 사회가 맞벌이를 하도록 돕지 않는다고 합니다. 물론 그렇습니다. 우리나라 사회제도는 맞벌이하는 데 아직도 썩 도움이 되지 못합니다. 아이를 맡기는 것이나 하나에서 열까지 다 개인이 해야 합니다. 그래서 이런 면에 사회적인 제도가 밑받침이 된다면 맞벌이가 좀 더 쉽고 마음이 편안해지겠지요. 이런 사회적인 제도가 꼭 필요한 것처럼 한편으로 강조하고 싶은 것은 사회적인 제도가 아무리 잘 갖추어진다고 해도 부모를 대신하는 것은 아니라는 것입니다. 예를 들면, 맞벌이 가정의 아이들이 학교에서 맞벌이의 빈자리로 인한 지탄을 받지 않으려면 부모의 최소한의 노력이 필요합니다. 그러한 노력을 하지 않고 이해만 해주기를 기다리는 것은 어떻게 보면 지나치게 이기적인 생각일 수 있습니다. 빈자리를 보완하는 방법이 맞벌이를 하지 않는 부모와는 다르겠지만 대안을 찾아보라는 것입니다. 부모의 빈자리를 어떻게 보완할 것인가에 대한 고민들을 하지 않으면 아이는 학교에서 그 부족한 부분을 혼자서 고스란히 당하고 있을 수 있다는 것입니다.

부모의 역할은 사랑하는 마음이 아니라 사랑의 표현

맞벌이 가정의 비율이 점점 늘어가고 있습니다. 이 비율이 늘어가는 만큼 맞벌이 가정의 문제 역시 늘어가는 추세가 되지 않기를 바랍니다. 맞벌이 부모들이 꼭 지녀야 할 원칙들을 마음에 계속 새기고 노력한다면 맞벌이 가정이기 때문에 생기는 문제들을 줄이거나 최소화 할 수 있으리라 여겨집니다. 가장 핵심적인 것은 부모 고유의 권한과 역할을 잊지 말고 부족하지만 노력해보려고 하는 태도입니다. 부모의 자리를 단지 의무로서가 아니라 '내가 좋아하는 우리 식구 우리 가족이 어떻게 하면 서로 상처를 덜 받으며 행복하게 살아갈 것인가'에 초점을 두고 역할들을 기분 좋게 해나가기를 바랍니다. 의무는 힘이 들지만 사랑하는 사람들을 위해서 하는 것들은 기쁨이 될 수 있습니다.

여러분들은 여러분 가족을 사랑하십니까? 그러면 사랑의 표현을 제대로 해보십시오. 많은 부모들이 육아 문제로 고민하고 걱정하면서 '어떻게 하면 좋을까요?' 라는 질문을 많이 합니다. 그런데 정말 해답을 바란다는 느낌이 들기보다 '이 걱정 안 하면 안 될까요?' 라고 묻는 느낌이 많이 듭니다. 정말 고민하고 걱정한다면 제시된 해답을 토대로 행동하고 노력할 것입니다. 그런데 노력보다 묻기만 하고 인상만 쓰고 있다는 것이지요.

　육아에는 지름길이 없습니다. 사랑의 표현도 한두 번으로 전달되지 않습니다. 대신 마라톤 하는 심정으로 꾸준히, 일관성 있게, 적은 양이지만 표현하려고 노력하면 전달이 되고 서로의 관계가 더 긴밀해 질 수 있습니다. 어쩌면 이것이 가장 빠른 지름길일 수 있습니다.